Extrañas ínsulas
Antología personal
(1982-2025)

Piedra de la Locura

Colección
Homenaje a Alejandra Pizarnik

Homage to Alejandra Pizarnik
Collection
Stone of Madness

Andrés Morales

Extrañas ínsulas

Antología personal (1982-2025)

Nueva York Poetry Press LLC
128 Madison Avenue, Office 2NR
New York, NY 10016, USA
Telephone: +1(929)354-7778
nuevayork.poetrypress@gmail.com
www.nuevayorkpoetrypress.com

Extrañas ínsulas
Antología personal (1982-2025)
© 2025 Andrés Morales

ISBN-978-1-966772-72-9
Hardcover editon

© Colección *Piedra de la locura vol. 27*
Personal Anthologies
(Homage to Alejandra Pizarnik)

© Blurb:
Gonzalo Rojas
Eduardo Milán
Jorge Rodríguez Padrón

© Publisher & Editor-in-Chief:
Marisa Russo

© Layout Designer:
Agustina Andrade

© Graphic Designer:
William Velásquez Vásquez

© Cover Image:
Arnold Böcklin
La isla de los Muertos
1998
Oil in canvas

© Author's photographs:
Personal archive
Julia Toro
Luis Ladrón de Guevara
Ricardo Espinaza
Patricio Enríquez Huerta
Rafael Garay

Morales, Andrés.
Extrañas ínsulas. Antología personal (1982-2025), 1ª ed. New York: Nueva York Poetry Press, 2025. 374 pp. 6"x 9".

1. Chilean Poetry.   2. Latin American Poetry

All rights reserved. No part of this publication may be reproduced, distributed, or transmitted in any form or by any means, including photocopying, recording, or other electronic or mechanical methods, without the prior written permission of the publisher, except in the case of brief quotations emboied in critical reviews and certain other non commercial uses permitted by copyright law. For permissions contact the publisher at: nuevayork.poetrypress@gmail.com.

A Patricio Enríquez Huerta.

Por ínsulas extrañas

(1982)

Por ínsulas extrañas

Por ínsulas extrañas
una paloma descansa
sus huesos derramados.

Del hierro muerto nace
la piel desencajada;
del hierro, dientes huecos
acechan en la puerta.

Por siglos negra y seca
la sangre nos espera,
la reja demolida,
la casa negra y seca.

Del agua resbalando
la muerte nos señala,
nos hiere, nos enciende.

Por mármoles, ciudades,
el ojo no se cierra:
miramos los espejos.

Del sueño caminamos
al sueño bostezando
y en trenes y estaciones
perdemos la nostalgia.

Por huesos la paloma
levanta las tormentas,
por brazos las extiende:

Del círculo de fuego
llegamos al desierto,
vendimos las antorchas,
clavamos las campanas.

Por últimos caminos
se doblan los planetas:

Por ínsulas extrañas
descansan las palomas
mordiendo sus heridas.

Las águilas del odio.

LAS VISIONES DE TIRESIAS

A mi Padre

Yo, Tiresias, anciano de arrugados pezones,
Percibí la escena y predije lo demás...

T. S. ELIOT

I. Autorretrato

Yo, que he perdido relojes
durante todo el invierno,
abierto y extendido,
en toda mi razón,
por los desconocidos muros
escribiré legando mis anteojos,
debajo de estas letras,
las visiones de un ciego que respira
destruyendo oleajes.

II. Del silencio

Pausa.

La sala espera inquieta.

(El sordo traga saliva,
murmura cantando
y espera).

Pausa.

Alguien agita el programa,
los niños se ríen.

El silencio se esconde en las cuerdas,
la tarde bosteza,
se pierde.

III. Del amor

Besar espinas,
acariciar un gato muerto.

No existen cadáveres amantes,
sólo huesos caídos,
heridas cansadas.

Desde mi caja de jabón
declaro hacia el parque,
hacia las avenidas y teatros,
hacia las claveras:

No existen cadáveres amantes
ni besos, ni ojos entornados,
sólo huesos caídos,

no el amor.

IV. Del mar

Una herida de hielo
y un ojo se levantan.

Caen,
se destruyen.

El aire caliente
y las piedras
están construyendo un muro nuevo.

Una herida de hielo
y una grieta.

Caen,
se levantan.

V. De las ciudades

Corren las palomas
en su vuelo
y el tren se detiene
en una puerta.

Las ciudades son espejos,
relámpagos de olvido,
catapultas.

Las calles no terminan.

Las ciudades no son un laberinto,
son la entrada al desierto de los cuartos,
al cadáver de sal,
al arquitecto.

VI. De la muerte

Queriendo reunir la sangre
sin alterar las amapolas,
queriendo decir de una vez
la única y ciega verdad,
les aseguro,
la muerte es algo lento,
no se espera,
se nace con sus dientes
y va creciendo en cada despedida,
en cada hijo, en cada sombra.

Yo dejo las palabras y las luces,
(¡Enciendan una vela!)
yo les dejo mi muerte,
clávenla en la puerta de la iglesia,
les dejo mis cenizas,
fabriquen una cruz de hierro.

(Una mosca sobrevuela las ciudades).

No ha pasado nada.

(Un caballo muerde trece letras).

Les dejo mi fosa.

Les dejo los desiertos.

El domingo de viernes

Los borrachos se venden
los domingos por la tarde,
mientras venden gusanos,
museos, calendarios.

Una procesión de gatos señala
la muerte de Cristo
y el Viernes Santo dormita
en un abril de heridas.

El Viernes Santo disfraza
el beso espinoso
en un verano plomizo,
en un domingo común.

¿Quién inventa los desiertos,
las camas desiertas,
los platos desiertos?

El Viernes de carne de santo
prepara los huevos del odio,
cuando los niños dormidos
descubren mil conejos.

Los borrachos caminan
detrás del becerro de hierro.

La bailarina promete escenarios
de piernas enteras, de piedra

y la madre borracha dormita
cuando los curas encienden
un velón a los desiertos.

Los borrachos se caen bailando
y el Viernes del odio se cierra,
como la catedral
en la mentira caliente
del pan de los domingos.

(A Marcela Aranda Klein)

Soliloquio de fuego

(1984)

ESCENA NOCTURNA

Esta botella que abro
cuando la casa está sola,
cuando recorro pasillos
y cierro las puertas
y callo.

Esta botella vacía
con años de tierra y de mundo,
casi parece la historia
esta botella cerrada.

Adentro cipreses caídos
y un piano que suena
a lo lejos.

Adentro, la noche:
olas altas y estrechas.

(A Miguel Arteche)

Juicio Final

¿Y si ese día,
Dios,
nos hemos ido todos?

(A Cristián Montes)

Biografía fragmentada de Eugene O'Neill

A Nelly Donoso

I. Las Noches

Las botellas enfilan hacia el muro
donde tu hermano duerme:

En noches como ésta,
Eugene O'Neill corría
entre bares de New Orleans.

En noches como ésta,
las botellas devuelven sus muertos
y un loro carraspea en el balcón.

La orquesta entera caía
por el abismo de los muebles,
mientras caían los discos,
mientras caía tu madre
en los sueños largos del opio.

James O'Neill no te creyó
cuando quisiste romper
el cordón de seda en las ventanas,
cuando viajaste en barcos carboneros,
cuando aprendiste el español
del "buenos días":

—Convéncete tú mismo:
no hay más vida que en las noches
donde se ahorcan los curas,

los niños,
los poetas.

Y tú quisiste abrir en las calderas
un hueco donde esconder al *Conde de Montecristo*,
donde morder el soliloquio del fuego
y adivinar familias felices
en la costa de Nueva Inglaterra.

II. El mono velludo

Como el mono velludo,
imaginabas los dólares de plata,
como el mono velludo,
bailando,
regresaste cargado de hollín
y novedades.

Europa era una sopa de letras,
Europa era el grito desde el puente,
Europa era bombas de azufre
y tuvo que quedarse en una guerra.

Como el mono velludo,
abrazaste las jaulas rituales
y tus mujeres sintieron
los dedos del sol.

Y allí comenzaron los aplausos
y el mar al que volvías
sin saber por qué,
resonando en las botellas.

Como el mono velludo,
James O'Neill te mira
creyendo que le llevas periódicos
al banco del Central Park,
para taparlo entre las últimas modas
y un sabor inexacto de comedia.

III. Entre hermanos

—Tú no te acuerdas del sol
que vimos en Utah:
cómo corrían los mormones
bajo la lluvia creciente.

—Tú no te acuerdas,
tú no te acuerdas.

(Otra vez la lluvia asemeja
las noches del teatro vacío
y James O'Neill se muere
como un caballo de piedra).

—Tú no te acuerdas del sol:
Yo solo veía amanecer
y tú cerrabas postigos
para soñar con los aplausos.

(El último,
por fin,
el último segundo
en que James O'Neill dejaba
los parques,
los días,
el mar).

—Tú no te acuerdas de nada
y nunca dejaste mi sombra.

—Tú no te acuerdas de nada,
de nada,
de nada.

(El médico sacude la cabeza
y Eugene O'Neill llora
como nunca lloró en un estreno).

IV. Después

Lo que vino después
ya no importa,
todo el mundo lo sabe.

Lo que vino después
fue el mar,
de nuevo el mar
y una mujer de mármol
para negarle los hijos.

Lo que vino después,
en el infierno,
James O'Neill también lo sabe:

Un largo camino de noche
para no encontrar el día.

Un hijo suicida,
otra vez la muerte,
y ahora,
rompiendo sus vasos de oro
y todas las botellas.

País de ojos y sueños

A Ana María Cúneo

... Y en país sin nombre me voy a morir...
Gabriela Mistral

I

Sentado en mi silencio, en un país sin nombre.
es difícil no pensar en las tinieblas,
aquí con este sol y en las estrellas:

La verdad está en las calles,
pero también en las tormentas.

Y ya después, detrás las puertas
de ciudades y torreones,
acariciar montañas, reconocer el fuego,
escalar las olas.

Hoy miro *los muros de la patria mía*
y me voy como antes, con la piel quemada:

Yo tengo en los ojos la llovizna quieta.
Hoy el ritmo seco de campanas negras
me sigue en los paseos y en la mañana a solas.

Yo no descubrí las playas y el desierto,
pero prefiero verme con todos frente a frente:
Así y como se escucha,
reconstruir los ojos, abrir los laberintos.

No estamos aquí para encerrarnos siempre:

Aquí, sólo y bien claro,
sólo la siesta y el pan,
solas las cosas, los brazos,
las palabras lentamente.

II

Estaba despertando y pude ver el cielo
como una estrecha cinta.

Busqué como he buscado al sol entre la niebla
y mis dedos se clavaron sobre un pájaro en el suelo.

¿Hay algo más terrible, más muerto, más ceniza
que la visión cercana de un pájaro desecho?

Busqué entre los muros de la ciudad lejana
un hueco, un monumento
y guardé los huesos secos entre mi abierta sangre.

Así la muerte siempre entre mis dedos vive,
entre mis ojos siempre.

III

La tarde ya va entrando por esa puerta abierta,
la tarde, viento a viento, por las estrechas grietas.

Ahora estoy pensando en mi país de sombra,
de luces apagadas, de niños asustados.

Ahora llego, pronto, hasta mi casa vieja
y anudo en las ventanas dos mil abrazos muertos.

Yo quisiera caer por otras avenidas,
pero los ojos siempre se quedan en la puerta.

Desde las rejas, solo, se ven mejor las horas,
se sienten las cadenas, se buscan las salidas.

Desde la tarde viajan los niños y los viejos
hacia la libertad, hasta la mar adentro.

IV

¿Cómo quedarse en el día si después llega la noche?

Los fantasmas salen a pasear sus trajes nuevos
y desde siempre un niño quiere mirar las estrellas.

¿Cómo quedarse en la cárcel si hay que encontrar
cerraduras?

Nunca quisimos más tiempo que para tenerlo oscuro.

En mi país de rumores la noche estaba detrás
de océanos y puertos, de bruma y de peligros.

En mi país no quemaba el sol de las tierras secretas:
en mi país noche y día eran la misma palabra.

¿Cómo querer encontrar otro mundo y otro suelo?

Hay que mirar y mirar: debajo de la corteza
el árbol no muere, no muere.

Debajo de las palabras asoma un sol verdadero.

V

Después de tantas visiones,
después que los ojos cansados no esperan mirar otros ojos.

Ahora, cuando la lepra descubre hasta las mismas ventanas,
cuando no es suficiente quedarse porque se acaban las horas.

En este momento, hoy mismo, hay que volver a las aguas,
hay que volver a la muerte.

Desde mi patria de sueños regreso herido y herido
hasta mi patria de sal, hasta mi patria desecha.

¿Por qué negarnos el sol si es más real que nosotros?

Desde mi patria de sueños advierto los muros de piedra,
observo los muros gigantes.

¿Por qué separar las ventanas y dejar el pan intacto?

Desde mi patria de sueños vislumbro las calles abiertas
y el fuego en el aire, quemando.

Ahora por fin en la noche, regreso durmiendo a la casa
y sueño mirando despierto un horizonte de manos,
un pájaro vivo y siempre
la tierra esperando mis ojos.

Lázaro siempre llora

(1985)

A Mauricio Electorat.
A Cristóbal Santa Cruz.

Eras tan hermosa
que aprendí a cantar.

VICENTE HUIDOBRO

A Alejandro,
con cariño y ad-
miración reiterada
—
Andrés Mérida
M.
Bcn, enero '89

I

Así me fui quedando con la tierra
Que hubo para mí en el camino
Mi patria levantó su cuerpo muerto
Al ritmo de los pasos y del mar

II

ACOSTUMBRO A RECORRERME CON LOS DIENTES
y a reír a todos los días de mi cara
No puedo contemplarme en el espejo
y quiero ver pasar mi funeral
llorando yo también tras el difunto
Estoy pensando siempre en otro lado
ausente de la charla   convencido
que alguien llegará en un relámpago
Me niego a discutir   estoy cansado
me niego a descubrir lo que no he visto
Con el peso de mis años no se juega
CONVENZO A UN RUISEÑOR QUE YA ES VERANO

Buscando y rebuscando siempre y siempre
borré toda mi sombra y en el aire
volví a respirarme lo exhalado

Ninguna tierra guardo voy de paso
La arena me conmueve por su tacto
Prefiero no aburrir y hacer el tonto
de allí mis comentarios personales

No me lloren en el hombro ni me griten
que soy capaz de abrir mi calavera

Si nunca me sorprenden sonriendo
es porque llevo el sol en la cabeza

EN MÍ SE REUNIERON DOS INVIERNOS

y dos navegaciones y las sombras
No quieran que me saque el luto blanco
que llevo por mis muertos y su viaje

ANUNCIO LA VEJEZ DE LAS MUCHACHAS
aquí vengo a crecer   dejadme entrar
no quieran encontrar un caracol
en este laberinto
sin el mar

III

DEL DOLOR SOY CIUDADANO DE LA MARCHA
de los trenes que perdí o no llegaron

El puerto me esperaba con sirenas

Allí estabas tú y me llevaste
a ver las escaleras de mi frente

Ni un solo momento estuve solo

Tampoco me dejó la voz del agua

IV

Como un perro sin pelaje me conmuevo
y puedo hasta llorar alguna noche
Observo el torso grueso de mi cuerpo
Ya nunca será igual   Jamás mi mano
podrá encontrar tu sangre en cada dedo
El cielo no es el mismo   ni la calle
ese ángel que cayó no emprende el vuelo

Tampoco   ni mi Dios   estuvo quieto
como un ciego tras su perro   caminando

V

ESPEJO A MEDIANOCHE   TE CONJURO
regreso desde ti recién nacido
No existe tu fantasma   ni tu voz
ha vuelto hoy a mí   ayer   ni nunca

(Te doy cada ciudad   cada palacio
devuelvo tus relojes   las murallas
de ti recuerdo sólo el ruido sordo
del golpe de los huesos y mi sangre)

Espejo de mi sombra   sólo el viento
tendrá mi corazón embanderado

Sólo el viento   solo el viento   sólo el viento
mostrándome la cara   el espejismo

VI

EN ESTA CORDILLERA ESCRIBIRÍA
mi nombre y cada letra de tu nombre
aquí me quedaría para siempre
en esta claridad   en esta casa
(Abiertos los balcones y en el cielo
temblando con tu voz ya veo el sol
cómo corren los muchachos en el parque
para vernos   otra vez   desde la calle)
Y allí de nuevo tú   en cada sitio
las cosas que dejamos y ese pan
abierto por mi mano aquí en la mesa

POR ESTA CORDILLERA VAN TUS OJOS

Convénceme que hoy ya no te encuentro
ni estás en frente a mí   que no me esperas

POR ESTA CORDILLERA VAN TUS OJOS

VII

Hace años que mi Dios ya me señala
No me asusta el purgatorio ni el infierno
sólo verme con la piel petrificada

Mi Dios no tiene lengua ni palabra

A mí me condenó a hablar su sangre

Mi Dios recorre el sol en el invierno
y me sueña y se despierta a medianoche

VIII

Aparto de mis ojos el desierto
ya nada queda igual   ya no me duermo
Ahora me persiguen las montañas
y estoy por regresar de todas partes

Ni tú   lejana siempre   estás conmigo
al verte en cada calle condenada
por todos los relojes de tu cuerpo

Desdigo cada mano   cada golpe
Me encuentro en la mitad de mi desdicha

Te dejo a ti también   me quedo solo

IX

MI MUERTA CAUDALOSA DEL VERANO
contigo van los gatos de la casa
En todos los rincones de la patria
se juntan a velarte los domingos
Mi muerta omnipotente de la pampa
no anochece aún en todo el territorio
el sur está en tinieblas   tiritando
rompiéndose en las piedras de la isla

Cual bosque de carbón   como silueta
estás rondando el párpado del valle
y llegas hasta todas las esquinas
abriéndome los brazos con banderas

¿Podré al fin tenerte   cuerpo herido
abril cruel de lluvia   madrugada?

Apropio para mí tu corazón

YO TE HABLO CON EL RITMO DE LA TIERRA

X

Mi patria es una ola que no rompe
Mi patria nunca tuvo geografía

Por un momento quise verte toda
llevándote mi patria por tu piel
abriéndote camino con los dedos

(A cada instante miro hacia mis ojos
y veo cementerios y escaleras
y veo cómo bajan esas calles
vacías hasta aquí
a mi ventana)

Jamás me abandonó mi cordillera
mi patria no me aguarda y no la encuentro
Jamás me abandonó a cada paso

Sólo debo hallar el hueco de mi tierra

(A mi madre, In Memoriam)

XI

LLORANDO COMO UN BUEY POR LA MAÑANA
en cada esquina giro la cabeza
y siento que persigo sacerdotes
y sueño en una playa de mosaicos

Por los parques pasean caballeros
de otros tiempos   con levita   a mediodía
niño yo con mi globo dominguero
contando hasta un millón junto a mi abuelo

Ciudad abandonada por los niños
pasadizos   peldaños   monumentos

El cielo de cristal ya se ha caído

Recuérdame tal cual te he condenado
a sentir los cerrojos de tu cuerpo

Ahora llora   ciudad   que yo no vuelvo

Arrepiéntete del sol que no me mira

XII

A esta tierra llegaré y no me pierdo
Abriré mi boca azul para nombrarte
Ni la patria estuvo aquí ni está enterrada

XIII

He salido de ciudades   crucé ríos
oigo el sol cómo se quiebra y no me asusta
Tropezando   ciego y solo   tropezando
me bebo todo el mar y no me duele
esta herida de los pies a la cabeza

XIV

Tu figura se quedó al pie del mundo
baja entera la nevada   muere el mar
agitándote   a lo lejos   las tormentas
tu tremendo cuerpo quieto en la montaña

No me quiero desde ayer y no me encuentro
en ningún espejo solo   Me he quedado
caminándote tus cejas para siempre

Balbuceante desde el hielo a la madera
TODO EL CIELO   TODO EL MAR   TODA LA NOCHE
he buscado el cáliz negro de tu frente

XV

No podrá quedar así todo el silencio
no podrá la arena gruesa de la costa
recorrer toda la tierra y apagarse

Hablo siempre con el sol y no me quema
oigo el pálpito de piedra de la patria

No serán todas las noches como ésta

Tu y yo recorreremos largamente
la sombra de los bosques y el desierto

XVI

Este mar que nunca duerme crece entero

Todo el cielo se perdió en ese espejo

(Siento llena mi garganta y el oído
parpadean en mis ojos las palomas)

Tú mi muerta resucitas desde el agua
No hay veneno contra ti ni hay silencio

Sin tu máscara de mármol te descubro

Desde siempre caminando mi esqueleto

XVII

SOY EL LÁZARO QUE AL FIN HALLÓ TU FRENTE
Soy la patria desde el sol que no me mira

Me levanto desde el norte hasta la sombra
que agita cementerios y planetas
me arrepiento de vivirme sin tenerte
desde el día que miré mi espejo roto

(Mi Dios ya no podrá soñar conmigo
mi voz descubre el mar y todo el mundo
Con mi nombre se construye cada estrella
La pampa se ilumina con mi paso)

No recuerdo un solo día sin nombrarte
mi herida   mi muerta   mi lejana
Ya no puedo regresar al viejo cuerpo

SOY EL NUEVO CIUDADANO DE LA MUERTE

Soy la patria del dolor y su cuchillo

No el azar

(1987)

VERBO

Serán locuras todas
las hoy   mañana   dichas

Serán palabras nuevas del día que se abre

Resignación a todos
la gloria vana es nuestra

Después del bombardeo nos vemos a la cara
si el dolor nos queda   agudo corazón

Y no es tragedia esto sino necesidad

Himno de alegría   oscuro   imprescindible

La palabra cielo
(y el cielo en un espejo)
La palabra noche
(perfectamente sola)
La palabra amor
(como una espada rota)

La alquimia   el sinsabor
Recuperados todos los viejos manuscritos

(El ritmo   algún latido   el ojo del extraño)

Después vendrá el lenguaje
otra vez la lepra
a recorrer dolores
reconocer las llagas

Todo nos dirán   Todo está acordado

Serán otras palabras
otros venenos
otros

ACUARIO

(Axolotl)

Los peces vigilantes se desplazan

El poeta se desliza por el borde
se lanza y entra al fin y por la calle
va mordiéndose el abrigo   va cantando
y al fondo se ha caído en el acuario
del mar al mar
del mar

NADA SE MUEVE EN LA TIERRA

Nada se mueve en la tierra

Ninguno   no tú
no la mujer
que baila en la terraza tropical

No las luces de bahías que temblaban

Sólo el solo desierto floreciendo

(A Daniel Nassar)

TODO ES JUEGO

Todo es juego, ¿no?
Por eso tú duermes
a diez mil millones de metros
mientras me bebo toda el agua del mar

(A Isabel Monte Villalba)

Fin de año

(Sarriá)

LOS INMENSOS CABALLEROS SE MIRABAN
en el espejo loco de la fiesta
Bailando todo el mundo con el cáncer
con el júbilo del juez   con el ahorcado

Las muchachas no reían en la sombra
Un pájaro colaba en los salones
sentándose en la mesa y en la araña

Así se terminó el Año Nuevo
con fuegos de artificio en el jardín
cada uno celebrando en las botellas
la marcha del ciempiés por la glorieta

YO NUNCA REGRESÉ NI FUI INVITADO

No el azar

Esa presencia inevitable del destino: el juego cotidiano y la música en el siempre vivo desconcierto. Ese guiño del mar como advertencia, como largo vaticinio de mi ritmo.

Todo es menos, ha escrito Juan Ramón Jiménez. Todo es siempre menos cuando vivimos —o creemos vivir— la transmigración de la vida paralela... Este habría sido yo; aquel que ruge, bebe; aquel de piedra o mármol; ese niño —que fui— en la pequeña plaza de las defenestraciones. O el joven, o el viejo, o este otro irreconocible, yo mismo. Entonces, ¿qué ángel acarició mi frente? ¿cuál de todos los terribles me configura y delimita? Tal vez ninguno, ni el espejo, ni la sombra.

Pero hay fantasmas que señalan lo presente, viveza en las manos que hoy escriben. Aquí la tierra, la nieve, el océano que crece por mis ojos; esta sombra de los míos, en la quietud y en la certeza, que serán las llaves de estas puertas, no el cuchillo que resigna, mortal, la rebeldía.

Se levantan desde el aire las palabras, se reúnen persiguiéndome: voz nítida que dice: *No el azar*. No.

Sí el destino, lo profético que repite la naturaleza (en mí, también, ahora) cada vez que vislumbro y creo.

Todo es mío, nuestro y doloroso. Toda la belleza para el que siempre lo vio, la verá y no pudo otra cosa. Todos los oráculos *nuestros*.

Ejercicio del decir

(1989)

*

Con dedos llenos abrir la tierra seca

Hundirse en este mar de sal extraña

*

La frontera del diciendo
abre el límite quejoso

Reflexivos en el verbo
o más aún la sombra sola
en este ir de regresar

y balbuciendo

*

Marcadas esas cartas sonreía
eras bastos   copas   peces
al otro lado exactamente
del mundo encima   abajo
¿dónde estaba aquel preciso
centro de la tierra?

Marcadas esas manos
tocando el filo extremo de la llaga
hundiéndose también en las palabras
quietas ya   Sin su llamada
Eran otros los espejos   las murallas
marcadas nuevamente por sus pies
condenados   nosotros   a lo errante
¿dónde estaba aquella calle
qué ciudad la repetía?

Calladas esas cartas
calladas esas manos
de polo a polo largamente
Música callada

(A Josep-Ramon Bach)

*

El pozo ha de llenarse lentamente
y el péndulo que rompe   cae   enciende

Alguien dijo   decía   No
me dijo
y sonaba como un templo derrumbado:

—¿Detenerse simplemente en la frontera?

Amor   una vez más   esa palabra
que me hace vomitar muy dulcemente
Amor entre cortinas   puertas   mesas

La desgracia fue mi dios
decía aquel

*

Esas luces   desde arriba   en esta noche
no me traen   quizá   tu sombra entera

Sólo que algo me detiene   y vibra   y clama

*

¿Qué ha de ser aquel regreso?

¿Sólo el mar o piedras siempre
simplemente las campanas
de la isla   resonando?

Tengo el miedo de los pájaros que vuelven

Pero hay sombras   palabras extranjeras
columnas   gigantescas noches   peces
y es la tierra que respira por mi mismo

*

(*Adriático en Dubrovnik*)

Este mar   este mar   Este Mar

Único   perfecto   conjugado
navegándose perpetuo en su descanso
ceremonia   rito de lenguaje

He aquí el rostro de las horas
el brazo que recorre y no respira

(Yo he visto como el sol en su cadencia
adivina el arrebato   la partida)

Argonautas que regresan con manzanas
lirios   islas en las manos
y el peso de mis ojos en su viaje

Aquí el mar completo en su desnudo
frágil   terrible   cuerpo entero

Aquí converge el sueño por su sangre
y rompe el sol su centro presentido

(*A Jaime Siles*)

*

Todo es habla que persigue palpitándose en lo dicho
Todas estas grandes bocas que pronuncian   ciegas todas
estos largos circunloquios   estas anchas sinalefas
Y nos marcan   nos señalan   nos acusan   nos inundan

El paisaje no ha cambiado

Y son otras las palabras

(A Malú Urriola)

Verbo

(1991)

Thalassa

(fragmentos)

In my end is my beginning

T. S. ELIOT

IV

Y habrá que resignarse a la belleza:

El mar, *aqueste mar*, o todo el mundo
es igual e indiferente y en el agua,
en ti, en mí, en estos hombres
que atenazan la armonía con sus brazos.

Aún así tendrá que alzarse con su pálpito
un gran fuego quemando el Paraíso,
rompiendo la belleza, para entonces,
lograr en nuevo rito adivinado
oír su murmullo y su portento.

VI

La sangre llega al río y no se vuelve.
El mar en cada ola es esa sangre.

VII

> *La mer, la mer, toujours recommencée!*
> PAUL VALÉRY

Miremos al océano en la sombra,
miremos en lo ingenuo de su acento.

He venido desde el ritmo escalofriante
del pánico crucial del laberinto;
he llegado como viejo minotauro
a ver este comienzo que no cesa:

El mar como una línea siempre exacta
aún con su sabor de carne muerta.

La edad de los objetos

(fragmentos)

In my beginning is my end

T. S. ELIOT

DICTADO CELESTE

Alguien dicta algunas cosas y palabras.
Entonces ya se escriben las historias,
los tratados, las cuentas, nuestras deudas
y firmamos los papeles embebidos
por fiebres de egoísmo y de fiereza.

Alguien lee aquellas cosas y palabras.
Entonces se nos cierran las ventanas
y creemos, transparentes, en la muerte.

Escrito en el vacío

Alargada la firma y la escritura donde
alguien en el fondo grita mirándose al espejo.
Los verbos todos que se estiran erizándose,
galopando no: cayendo derretidos en la forma
del papel.

La mano no descansa: vicio en la virtud
del vicio que se escribe,
solo él, lleno él, secreto siempre
(ajado).

(A José Kozer)

MUSEO

(Carlsberg Glyptothek, Copenhaguen)

Eran miles y esperaban un abrazo.
Egipcios, etruscos, venerables
a donde los llevaron sus ladrones.

Estaban siempre inquietos en la sombra;
Marco Aurelio sonreía y era falso
aquel endemoniado rictus grave.

Yo los vi, no estoy más loco que este árbol
o aquellas palmeras bajo el vidrio
glacial en un palacio sin sentido.

Entonces era tarde, ya cerraban.

Se movían, poseídos: me perdí.

Aún recuerdo aquel aliento de esas piedras.

(A José Salomón)

HERÁCLITO

Quizá la piedra escuche:

No hay forma de romper el fin del agua.

La edad de los objetos

Fatiga de mirarse, los metales
en el común espejo del azogue.
Fatiga de los bronces de la orquesta
que huye por su música infernal.

La edad de la razón estaba escrita
en medio del vacío, en su reflejo.

Entonces, descubiertos, transparentes,
caídos los objetos de su centro

al hábil equilibrio del deseo.

(A Christian Israel)

1989

Tal vez la decadencia da sus frutos
o el áspero danzar de las desdichas
es algo que nos cruza solamente;
quizás en los anuncios, los secretos
que rompen, rechinando, los cristales:

Muro de la China que circunda
muro de nosotros nunca abierto.

(Vuelan helicópteros, aviones,
truenan las campanas con su aliento).

Aquella libertad de cielo raso
—me dicen que han caído un par de muros—
recuerda un sinsabor a pan reseco.

Todo es esperanza y en el árbol
parece que la rama está quebrada:

Túmulos, olvido, mil perdones.

Seguro no tendremos compasión.

Danza Macabra

Dios nunca juega a los dados,
pero los carga de muerte.
Dios nunca juega a las cartas,
aunque a su hijo lo cuelguen.
Dios ya no lee las manos
ni traduce cenizas.

Dios tan sólo bosteza
mientras la danza macabra
nunca se acaba en la sangre.

Némesis

Las penas del infierno para mí,
los perros de la rabia tiritando;
las últimas noticias del desastre,
el ávido y perpetuo desencanto.

Única y perfecta la desdicha:

El mar definitivo que retumba.

Vicio de belleza

(1992)

Retrato bajo la lluvia

Escribo la palabra enamorado
en el aire, quizás en la cortina
y esa luz abriéndome el asombro
escribe ya perdida y yo perdido
escribo entre las diez y las catorce
en medio de estas nubes, repetido
para verte de una vez perfectamente
como agua recortada por mis ojos.

VALLEJO

Al menos algún muro estuvo claro,
el sol, aquel balcón, habría visto
el niño agonizante, las palabras
roncas al rincón, habría visto
el mar y no las calles, de seguro
por la inmensa catedral iconoclasta.
Ni un día solamente, como ciego,
olido, husmeado, habría roto
el arca del silencio en su camastro
ajeno, volando sobre Francia,
hundido en las islas guanaqueras.

(A Miguel Ángel Zapata)

Edgar Lee Masters reflexiona

Aquí yace el gusano de mi muerte
y yace el sol desnudo de las tardes,
yace en las mañanas frente al mar
y rompe el diminuto cerco hundido.
La historia me perdone, los adioses,
el falso rictus grave, cada gramo
de sal que recortaba mi sonrisa.
Las puertas ya cerradas, esas luces
roncas de anunciar la madrugada
no saben, no conocen, no recuerdan
paso a paso, gota a gota el desaliento.
Nada me detuvo y aquí calvo,
pútrido, perfectamente seco,
intruso de mi piel, obsesionado,
repito mi destino extrañamente.
Un trozo de papel, un ángel muerto,
las cruces de este lánguido jardín;
los trenes que conmueven nuestros huesos,
poco habrá de nuevo en el espejo.
No quise estar aquí, de piedra hueca,
de larga eternidad o cielo raso,
no puedo regresar, me lo imagino
y nunca habré entendido mi final.
Falsa aquella sórdida leyenda,
falsa en sus acentos terminales;
la prueba está a la luz: estoy cantando.

Ninguno esté seguro de mi entierro,
ninguno palpe el borde en la moneda,
no hay herencia, ni legado, ni epitafio,
escribo estas palabras convencido
que el pálpito me acosa en su rencor.

LA ROSA DE RILKE

Voluptuosa en el jardín espera, rosa,
lenta, como entonces, hacia el agua.

Mojada por el sol y por sus ojos,
cerrada hasta tu centro, arrepentida.

INFANCIA

Del sabor a tierra y hojas, por la tarde,
del balcón abierto al sol en el verano,
del único paisaje al mar entretejido.

De allí Andrés recuerda los años verdaderos.

(A mi madre)

ARTE POÉTICA

Rechace la belleza de esa línea
del ángulo, la brisa y la nostalgia;
recuerde aquella danza sin descanso
ni precio –sin placer– ni geometría.

Alivie la razón y entone el canto.
Conjúguese el pretérito en presente.

Despierte al sueño vivo y a la muerte:

Que un niño deletree nuestro azar.

Los elegidos

Fuimos una estirpe generosa
el don que nos fue dado en privilegio
lo hicimos madurar perfectamente.
Sólo que algo nos faltó, no fue el silencio
ni el ansia de morir en la batalla.
Sólo que algo estaba allí detrás del sol
y las noches donde el mar se estremecía.

Vimos los caballos y los peces,
el rápido aletear del tiempo ajeno;
vimos el diluvio, la ruina, el esperpento
y el húmedo contacto de la tierra.

Nada es como ayer ni puede darse
el fruto en el invierno despiadado;
la historia no quisiera recortada
al tiempo reescribirlo en la derrota.

Cada cosa en su lugar,
también la muerte.

Fuimos una estirpe generosa.

(A Mauricio Barrientos)

Visión del oráculo

(1993)

Remember me, but ah! forget my fate

Nat. Tate & Henry Purcell
(*Dido and Aeneas*)

ORÁCULO

—No hay azar más claro que el iris de mi ojo,
pregunten a los hijos que van llorando tierra,
deténganse en el mar a respirar su vuelo
si el sol es transparente y gime y no aparece.

La adivina cierra sus ojos y crepitan
los dientes y su lengua, malhumorada, seca.

—La rueda vuelve siempre al centro de su cielo
y todo se detiene y habla y permanece.

—Desnuda en el desván irá tejiendo siempre,
tal vez nunca regrese su amante de la guerra
y bailarán los años y sin reconocer
los trozos de metal, la columnata, el mar.

—Después veo silencio y un grito despiadado.
La sangre descubrió su propio peso hueco.
Más allá un incendio y el caballo cónsul
y mártires que huelen a gloria antojadiza.
...Hay nubes en mis cejas y peces,
hay planetas...
Puedo ver la huella cómo se desfigura y cae.
La luna se avecina, el ángel se avecina.
Dos mil campanas hieren, se clavan en mi oído
y Jericó se rinde y el águila perece
mientras el toro huye detrás de los leones.

Penúltimas noticias, los heraldos corren:
Ha caído Roma, Tenochtitlán el Cuzco.

—Otra vez el llanto recorre mis anillos.

—La policía aguarda detrás de las murallas,
no hay escapatoria, me arrastran con azufre,
me fuerzan, me condenan, me besan en la cara.

—¡Alejen los espejos, aviven ese fuego!

—El hambre me conmueve y siento como vuelan
los cuervos en mi boca, enloquecidos míos.

—¡Por qué jamás anuncio lo que se escribe ayer!

...Hay nubes en mis manos,
recuerdo sólo el mar...

(A Gonzalo Rojas)

Praha

Obsesiva a Vladimir Holan

Yo sueño una ciudad y una ventana:
alguien cae sin cesar, en todas partes,
alguien cae desde siempre en la ventana.

Niebla de la luz o nieve en niebla
en todos sitios alguien cae
(está cayendo)
desde el fondo de la calle, en la ventana
yo sueño una ciudad y por su hueco
caigo, sin cesar, por todo el siglo
caigo, sin cesar y no despierto.

(A Grínor Rojo)

Los videntes

Todos íbamos a ser Rimbaud.
Todos íbamos a ser Artaud.
Todos íbamos a ser Edgar Allan Poe.

Lo que pasa es que ni Verlaine,
ni un poeta menor, ni aquellas líneas
del pequeño escribano de la corte.

Nada, ni en el aire, ni un poema:

Todos íbamos directo al matadero.

Poets' Corner

Tantas veces regresaba para nunca
tocar el centro de la tierra.
Junto a todos,
(Henry James a tu derecha):
¿Quién pensó alguna vez en estas piedras?

Chaucer nos recuerda en la otra acera
(Por momentos Yeats o Keats o Byron).

El mármol nos recuerda la jugada:
A solas con el trueno, T. S. Eliot.

(A Javier Cantero)

ADRIÁTICO

Este largo cementerio como un barco

(Se detuvo —*in medias res*— la muerte)

(A Ante Zemljar)

El impaciente

> *El monumento somos de una vida*
> *ajena y no vivida, apenas nuestra*
>
> Octavio Paz

Tal vez nos hizo esclavos, del ritmo,
de las piedras,
y nada fue mejor o más secreto y nuestro.
Perfectamente el agua,
perfectamente todos los nítidos contornos.

Tal vez no abandonamos, aunque la rueda ha roto
el ruido de su marcha
el rápido sin fin.

Aquí miraba el puente aquél desventurado
pensando en esos arcos lavados y sencillos.
Nada lo inquietó, el río continuaba,
pero, esos, en la altura, jamás reconocibles,
fatales comenzaban su danza de la muerte.

Algo se detuvo: cruzó se congelaba,
no eran los caballos en estampida o llanto.
Algo se acercaba, ¿por qué nos detuvimos?

Los signos eran claros:

Aquél cerró los ojos y bostezó perdido
casi abandonando, también, el decorado.
(En la pequeña plaza de los fusilamientos
un niño se acercaba hacia la fuente, al centro).

Las llaves, las tijeras,
he visto en estas piedras
los golpes al caer el mármol que cerraban.
Todo en un momento, irrepetible y claro,
al mismo tiempo el paso del tren y las figuras,
al mismo tiempo el año de este mes, mañana.

Yo soy el impaciente,
el señalado, el cándido.

Y quiso abrir de nuevo la rueda su chirrido,
recuperar la fuerza la piedra y el cristal.

En estos ojos todo,
rencor y crueldad,
desvergonzados guiños,
alegre risa oscura.

Reconoció su nombre —su pálido desnudo-.

Caían desde el cielo palomas o gaviotas.

Y era la belleza, entiendes, la belleza.

(A Juan Cameron)

EL ÁNGEL

El día que no pienses, ese día
le cortarás las alas a tu ángel.

Naturaleza muerta

Deslumbra el pan y el aire en las botellas,
la luz que desde el fondo anuncia el mar.

Recorre el ojo pálido la estancia
muerto en el reflejo y en la flor.

(A Antoni Clapés)

Peregrina

Terrible carnicera, rompeolas,
sirena en plena noche
en cada puerta,
bruta de mirarte,
peregrina,
agito tu silueta en mi cabeza:

Aquí dejaste tú el sol de mayo,
aquí me construiste en la madera
un nudo donde verte a cada instante:
humeante, sin color, como una muerta.

Aún estás dormida en la ventana
y todo el mundo atrás y sin tocarte:

¡Atrévete a cantar en esta noche,
atrévete a saltar sobre mis ojos!

PLACER

¿Dónde estuvo el placer,
qué después del placer,
dónde estuvo
ella
dónde?

Poema del secreto

Déjame la voz, te doy el canto,
déjame lo oscuro de la noche,
que exista siempre aire entre nosotros,
siempre la alegría del quizá.

Déjame los ríos, el agua, el mar que rompe
ahora,
en medio de los dos
ese inmenso arrecife que recoge
aquel secreto nuestro desde ayer.

Déjame en tinieblas; el sol a ti, la luz.

Yo encierro tu destello en mi garganta.

Desnudo

Contiene el mar la sombra de tus labios
y el límite de piedra de tus ojos
que miran, sin saber, al cielo roto
y cóncavo, perfecto en tu cabeza.

Nada ha de tocarte ni te toca,
sólo el viento se derrama por tu cuerpo
abierto, entretejido, sólo mío
por una vez y siempre en la memoria.

Romper los ojos

(1995)

ROMPER LOS OJOS

Traigo huesos repetidos en la espalda,
huesos que están secos y huesos que derraman
aire todavía en la madera.

Infierno simultáneo y permanente:
el último suspiro y el sonido
de tablas en el suelo que rechinan
roncas al entrar allá en lo oscuro.

Cien kilómetros de viaje: cien o mil,
matemáticas que urgen cada día,
cien kilómetros de largo adiós sin voces
detenidas las palabras en la mueca.

Tantas veces nos quedamos sin hablar.

Tantos cielos sin estrellas que retumban.

(A Juan Luis Martínez)

DE UN POETA NÁHUATL

Águilas que cruzan el paisaje,
remota y fiera noche edificada
en vanas esperanzas, en el hielo
que siempre nos detuvo entre la duda.

Páginas escritas en un libro,
páginas abiertas, despeñadas
en todas las vocales, consonantes,
sin nada que decir, ausentes siempre.

Águilas y páginas heridas,
carroña repartida en el desierto
sin nervio ni desdén, sin compañeras
que rompan la desdicha al fin hallada.

La puerta que se abre entre los muros,
en las hojas, en los ojos, en las olas
no quiere ver al fin de tanta espera:

Es algo que nos rompe la cabeza.

(A Eleonora Finkelstein y Daniel Calabrese)

Retrato del hombre cruel

El hombre que come palomas
no conoce la palabra paraíso.
El hombre que come palomas
estrella sus dientes mordiendo.
El hombre que come palomas
alguna vez, el hombre que come palomas,
alguna vez palomas comiendo palomas,
alguna vez el grito en la noche, paloma,
alguna vez la noche, paloma en mis manos,
el hombre que come palomas
desengañó a la muerte mordiendo la noche,
recuperó los gritos, la herida, paloma,
adivinó el secreto del odio secreto.

HUIDA

Partir hacia el océano del dios
con la palabra espada,
un ramo de soledades varias
y la mueca —sin sabor— del desengaño.

Partir a un viaje sin regreso
desentrañando el agua en la larga travesía,
acostándose en oscuras camas,
adivinando el cielo de tus párpados
y el ritmo de dos o tres miradas
perfectamente exactas.

ABANDONO

El dios que me protege está cansado.
Su nave detenida sin el viento
se rompe en el contorno de la playa.

El hada que me llama ni susurra
ni canta, ni ilumina alguna noche
de muerte presentida o en vigilia
enferma de dolor, de hueso y carne.

El ángel protector vuela perdido,
el dado de mi suerte está gastado.

Alguien dice que es el tedio, la costumbre
al pálido semblante de mi estampa.

El arte de la guerra
(1995)

Pues las dos fuerzas se reproducen una sobre otra; su interacción no tiene fin, como la de los anillos entrelazados. ¿Quién podría decir dónde comienza uno y dónde termina el otro?

SUN TZU (320 A. C.)

*All lovers young, all lovers must
Consign to thee and come to dust.*

WILLIAM SHAKESPEARE

I

Entre luces de neón, después del baile
único, quizá, pero ya nuestro
hiriendo la dura superficie,
como un mar,
el ávido dolor del siempre amado,
quisimos derribar a las estrellas,
al sol que nos miraba, el sol doliente;
quisimos destruir la piedra muerta.

II

Entonces, en medio de la noche
alguien despertó
—y no era yo—
no había pesadilla ni arrebato.

Entonces en la noche iluminada,
los dos juntos, en plena luz del único
sendero que rompe el corazón
hallamos entornados nuestros ojos.

III

Que no se cumpla así nuestro destino.
Que nos devuelva el mar aquella noche
hiriéndonos el cuerpo para siempre,
hiriéndonos, manchándonos, mordiendo
la dulce arena blanca que nos cubre.

IV

No haya, no la culpa entre los dos.
No haya ni silencio, ni las olas
pacíficas, heladas en la noche.
No haya ni la voz, que ya no exista
territorio que nos hiera torpemente.

Sólo el beso inmenso allá en tu pecho.

V

Enterradme en una veleta

FEDERICO GARCÍA LORCA

Si me muero, amor, si yo me muero
que un niño, lejos de mi voz,
rompa mi epitafio y lo condene.

VI

La ciudad es para ti. El plano
de calles y estaciones;
las palabras dichas al azar,
únicas imágenes dolientes,
pálidas en todo aquel espacio.

VII

Arrebato, arrebato, arrebato
de campanas y de sol, de luz, de día.
Arrebato de palabras que no dicen
ni el ritmo de tu voz, tu cuerpo, el mar
profundo en tus entrañas, tan herido.

VIII

Seguiría el canto, seguiría
la música de cada extremidad
tuya, perfecta, mía, nuestra,
el canto de la alondra que me nace.

Sólo que algo me detiene: no es el sueño;
sólo que algo, un ángel nos destroza.

IX

El espacio entre los dos es como el sol
que cubre el horizonte y luego huye.

El espacio entre los dos nos proporciona
el hábil equilibrio, la desdicha
de toda perfección no repetida.

X

Déjame tu voz, tu abril de luna.
Déjame perdido en el calor.
Déjame en tu sueño sin vigilia.

XI

Las palabras que nos hieren como flechas,
como un árbol en tinieblas, como piedras
no nos hieren, no nos hieren, no nos hieren.

Es la luz del mediodía la que cruza,
la que rompe despertándonos al cielo.

XII

Sólo tu palabra me ilumina.

Sólo tu palabra, tu palabra.

XIII

Que nadie nos detenga entre las sombras,
en el mar, en el ojo del diluvio.
Que llueva una vez más,
que nunca escampe.

XIV

No al amor, ya no, ni nunca entonces,
ni súbita caricia, ni placer:

Tormenta de verano sin un trueno.

XV

Nada tiene fin ni algún comienzo.
Nada se congela, queda solo
en medio del desierto, detenido.

Nada entre los dos es todo y nada,
nada en el vacío, en el espacio
húmedo, inquieto, decidido
que habrá de conmovernos y llamarnos
que habrá poblado el cielo con tu nombre.

XVI

Felices los amantes en el sueño
muriendo en trance frágil, deslumbrante,
creyéndose en el dulce y cruel latido.

XVII

Quiero abrir tus ojos de una vez:

Quiero verte así llorando siempre

creyendo que es amor y no desierto.

XVIII

Duermes a mi lado y en tu muerte
ávida de sueños, deslumbrante,
no soy ni aquel silencio que descansa
ni el ángel, ni la pausa, ni el reposo.

XIX

Pálidas las luces de la noche
quisiste descansar para no verme,
huyendo en tu deseo y en el mío,
abriéndome la carne en el silencio.

XX

Luego la batalla repetida,
los cuerpos en la escena con su carne:
visiones, exabruptos, dentelladas;
muerte pasajera, resurrecta,
vívida humedad de cielo en tierra,
tierra de las nubes en las manos.

Y en los dedos de los pies, en la saliva,
en un trozo de la piel, en todo el cuerpo,
llamaradas, laberintos, viento agreste
que cura y no da tregua
al hambre de tus aguas,
al peso de tu centro.

Y luego la embestida del furioso,
la rabia del dulce arrobamiento,
el hueco o el vacío, la distancia,
el ritmo que no cesa y que no cesa:
el labio en la cintura,
la huella de tu paso,
el ojo entre los dedos que resuella.

Una y otra vez la voz del cuerpo,
la voz que se desgarra abandonada
en dos fracciones juntas y distintas,
en dos amantes ciegos que se besan.

XXI

El trueno y el relámpago
y el trueno.

La luz que se destella por tu sombra.

Mares, océanos, naciones
y miedo entre los dos,
entre la noche.

XXII

La luz nos acaricie en la ventana,
la lluvia cese al fin de la desgracia.

Conjúrese la voz por el silencio
y duerman los amantes enlazados
mirándonos al fin en el espejo,
sabiéndonos en tregua en la batalla.

*

Así la guerra cubra los sudores
y el viento nos desgaje en su fiereza.

Así queden los fuegos en la noche
sin ruido de querellas por la piel.

Escenas del derrumbe de occidente

(Fragmentos)

(1998)

*

BAJO EL CIELO DE LA NOCHE PARTÍAN ESOS BARCOS HACIA DONDE NUNCA IREMOS; RECONCILIANDO AL MAR CON LOS VIAJEROS, CON LOS GRITOS DEL MARINO QUE EN NADA HAN CAMBIADO DESDE QUE ULISES ABANDONARA ITACA.

Por la piel, pesadamente, este verano
cae ronco, enfermo entre los dedos,
impune hasta los pies avanza.

Pero el aire del océano es la cura,
el clima de boreales y meteoros
vistos al azar en la cubierta
habrá de refrescarnos la nostalgia.

La ciudad se ve pequeña y nos creemos
que un incendio al fin la ha consumido,
abriendo cada puerta con el miedo,
cada casa vulnerada por el grito.

Mejor es alejarse, abandonar,
dejar el muladar donde crecimos:

No hay amor que se resista continuando
el duelo de las noches sin huida.

*

TODOS RECUERDAN A SUS MUERTOS: ES EL DÍA DE DIFUNTOS.
HOMENAJEANDO A PADRES, A HERMANOS, A
LOS HIJOS, MIRAN HACIA EL CIELO ENTRECORTADOS,
FRUNCIDOS LOS CEÑOS HACIA ARRIBA, UN PUÑADO LLORA
FRENTE AL MÁRMOL.

No puede ser destino, ni voluntad siquiera,
tampoco la ley de los más viejos.

En una larga fila de difuntos
puestos uno a uno sobre otro,
jamás alcanzaremos su ventura.

Estamos en esta tierra solos,
ni Dios nos acompaña en esta tarde.

Queremos morirnos de una vez
y así encontrarnos todos en la fiesta:

porque fiesta habrá de ser seguramente,
fiesta acalorada del demonio.

*

Descubren su deseo por las noches. Los perros van
ladrando y ellos gritan. Nada los distingue
ni separa. Es el sueño, el perfume,   la desgracia, del
cruel derramamiento en el placer.

Queremos perpetuar la descendencia
del líquido vertido en el vacío,
queremos deshacernos para entonces
abrir aquella herida deslumbrante.

Nada nos detenga en el impulso,
en la fiel cabalgadura emborrachada;
otros ya bebieron, vaya ahora
el turno de los muertos sin simiente.

Otros al destierro, al pan, la lluvia,
nosotros al desgarro, a la tortura
del húmedo en agraz sometimiento.

*

Arropados, enjutos, abiertos en sus ojos los huesos de la pena, más que una migaja de la mesa, más que el susurrar de monedas y su lepra, esperan una voz que empiece el canto.

Esa luz que agita el mar en esta noche,
las heridas que reclaman, los fragmentos
de viejas pasiones enlutadas;
la seca tos de alguna enfermedad,
todo eso no bastara para irse,
para así partir al fin hacia lo oscuro.

Ya se acabará este castigo:
saldremos del confín de las letrinas,
del húmedo rincón, de los desiertos
nocturnos de las calles desgajadas.

Haremos una fiesta sin venganza,
sin mártires, ni pan, ni sacrificios;
haremos que los gritos de los niños
inunden —sus chillidos— el paisaje.

No puede haber más iras ni condenas:

Regresan poderosos a este barro.

*

Abarrotado el tren de los insomnes, de los muertos, de los cotidianamente enfermos, miran sin mirar las horas; oyen sin oir el ritmo, la extraña juventud que nunca ha sido, la pútrida vejez adonde llegan.

El trabajo hará libre a los esclavos,
el trabajo saciará aquellos sueños,
el trabajo dignifica y ennoblece,
el trabajo con vigor de una sonrisa.

El trabajo de amoníaco y vinagre,
el trabajo de Caín, de Abel, de Adán,
el trabajo de la cruz y la condena,
el trabajo del sudario, de la esponja.

El trabajo de los Hércules y Aquiles,
de David y Goliath, de aquel vecino
calvo ya de tanto hacer el gesto
de primate, de mandril, de mono enfermo.

El trabajo de animales en la feria,
el trabajo de las pulgas y de hormigas,
el trabajo como buey o como toro,
el trabajo del silencio sin derrota.

El trabajo de seguir en la batalla,
el trabajo sin amor en la pasión,
el trabajo que nos grita y nos escupe:
Todo eso sin descanso, sin dulzor.

*

SIN ODIO, INDIFERENCIA NI PECADO. SIN MARES QUE CRUZAR PORFIADAMENTE; AUSENTE LA BELLEZA DE LOS LABIOS: PERDIDOS EN EL HONDO POZO YERMO, SIN MIEDO NI DOLOR, SIN EL PLACER, SIN PATRIA NI VENTURA, NI DESGRACIA: SIN SUEÑOS QUE SOÑAR NOS DESCUBRIMOS CON LAS ENTRAÑAS SECAS EN LA TIERRA.

La ascensión es materia de los dioses
o de ángeles caídos que prosperan:
nosotros nos quedamos en el puerto
esperando algún navío que no vuelve.

Es la cruel esclavitud, la servidumbre,
la piedra que destroza nuestros dientes;
aquella única pasión entre montañas
de voces y espejismos desgarrados.

Lúcidos, huir de lo querido,
de la mísera porción de vida plena:
creer que la alegría nos devora
en un extraño rapto de avaricia.

Ninguna vana luz, ningún relámpago,
nada en el desierto: nadie aguarda.

La cárcel es la única morada.

*

En la niebla o en el sol, desprejuiciados. Libres de cadenas y grilletes. Alegres de vivir la muerte entera. Estatuas de vacío vaporoso: presencia contenida, deslumbrada.

Los fantasmas no persiguen a los niños,
no destierran ni condenan, no nos mienten.
Los fantasmas ya no lloran por el odio,
no construyen el rencor, no palidecen.
Se contentan con gemir, con una risa
que penetra las murallas, las ventanas.
No nos buscan ni nos llaman, no repiten
la absurda ceremonia del temor.

Los fantasmas son heridas que no cierran,
pensamientos huidizos de las noches:

Guerreros que regresan, no cobardes,
sueños despeñados sin amor.

*

ENTRE EL RITMO Y EL DEMONIO DEL RELOJ, EN LA CRUEL DESOLACIÓN DE LO BALDÍO, DETRÁS DE LAS MONTAÑAS DE CONCRETO, EL MAR POR FIN SE QUEDA DETENIDO; EL MAR YA NAUFRAGADO EN TANTOS AÑOS, EL MAR, TESTIGO INMENSO DE LA MUERTE.

La música del mar desde la tierra,
el óxido de sal que no corroe,
los ángeles, las olas, el estruendo
de todo lo pasado en un instante:
el círculo de fuego, las palabras,
el gesto que acaricia sin venganza,
lo inútil, el espacio, aquellos gritos,
la marcha de los pies sobre la arena.

La insólita belleza de la calma,
el largo aliento quieto del silencio,
las horas del que vuelve con sus redes
llenas o vacías de esperanza.

Ciudades en la orilla que enrojecen,
bajeles, naves, remos que lo cruzan:
comercio de los ojos deslumbrados
y ávido rencor, envidia, llanto.

Historia de la historia que resuella,
que entonces es ahora y es mañana;
olvido que desangra en sus confines
bebiendo la memoria de sus pasos.

El ojo que lo mira, el ojo inquieto
habrá de ennoblecer su huella pura.

Nada ha de morir en este canto:

La música del mar descubre el tiempo.

(A Drago Štambuk)

Réquiem

(fragmentos)

(2001)

I. Dies Irae

Al iris de la sombra de un ojo en la memoria,
al cóncavo y convexo espejo iluminado,
a la silueta exacta sorprendida en ascuas,
al número secreto que guarda más secretos,
a los inmensos-graves-conflictos-pasajeros,
a las tormentas huecas de pasiones muertas,
al universo en grietas, abriéndose o cerrando
las puertas y cometas que ascienden al delirio,
a los perfectos pasos que aún resuenan sordos
y a los perdidos pasos de quien ya no regresa,
al agua, al fuego, al cielo terrible de Tus Iras,
a todas esas piedras que cubren a los muertos
y a los gusanos hartos de tan humana carne,
al sol que ya ni entibia las tardes recordadas,
al pérfido dolor de los insomnios diarios,
a la belleza turbia de lo que no es hermoso
y al río que devuelve sus peces en veneno,
a la saqueada aldea, a la ciudad en llamas,
a la justicia a solas, a la memoria inquieta,
a todo lo que cae del tórrido verano:

Un largo adiós sin música de orquestas en sordina.

Silencio entero, lleno de noches sin mañana.

(A Stella Díaz Varín)

III. Rex tremendae

El Dios que nos inunda en la desgracia.
El Dios de espinas, llagas y sicilicios.
El Dios de la venganza en este ojo.
El Dios que permitió la muerte injusta.

El Dios inmenso, todo, omnipotente.
El Único, la Voz, el Trueno, el Odio.

El Dios que abrió la puerta del infierno:

El Dios que hizo al hombre y a este mundo.

V. Confutatis

La dicha se detiene y en la tregua,
el sol enmudecido desoyendo
la música del hondo ritmo lento
de pájaros y auroras, de la sangre
no hiere más aún que el desamparo
de líquenes, de piedra, del perdido.
Inquieta este vaivén de agujas rotas
clavándose en la espalda de la tierra,
el tiempo y sus relojes, las mentiras
de un ronco, helado, sordo agraz sonido
que quiere parecer un grito hueco
y sólo es el reflejo, no del sol,
de edades no vividas en la sombra.
Ni el ciego frente al fuego lo imagina,
ni barcos, ni galeras lo navegan,
tampoco el niño ausente en el espejo
que quiere madurar en un instante.
El cerco de las voces lo proclaman
y en vano los augurios lo presagian.
No cabe en el futuro si es presente,
no rompe el hoy cabal, confuso, inerte.
El canto de los búhos, de sirenas
parece deshacerlo en una mezcla
de húmedos placeres y congojas,
pero el mármol permanece y el granito
nos hunde en la memoria sin razón.
Tampoco las escasas confesiones
consiguen espantar su cruel mirada:
la hiena no reposa ante la muerte
ni sacia más sus dientes en la gula.

La aguda campanada no es alerta:
el cielo no desanda sus pisadas
ni aquieta el mar de llanto estremecido.
No hay piedad ninguna ni descanso,
hileras de difuntos lo confirman.

(El árbol no da sombra ni estremece
el fruto la cabeza del curioso).

Un hálito de niebla entre los ojos,
la súbita caricia que desnuda,
algo en esa unánime oquedad
de arenas que despeñan más arenas.

Desorbitado engaño del reflejo
que acaba tras el ágil parpadeo
de sueños no cumplidos, de palabras
perfectamente muertas en la lengua.

Relámpagos de ciencia entre los dedos,
sonidos que ensordecen la estampida
de una multitud que ya no escucha
el desgarrado pálpito de Dios.

La dicha se detiene en un segundo.
Aquel instante lleno de un instante.
El ruido de los huesos fracturados
no cesa de tronar despavorido.

La niña que jugaba lo adivina:

No hay fin en el final, en la desgracia:

El mundo nunca estuvo, nunca estuvo.

XVI. Libera me

Del tiempo que nos cruza como un trueno congelado,
del plazo y de las deudas con los vivos y los muertos,
de la blasfemia dicha por la injusticia siempre,
de todas las mentiras que nos envenenaron
y todas las mentiras aún no pronunciadas.

Del agua y la esperanza de sanación en vida,
de los profetas ciegos, de la verdad a medias,
del grito, de la sangre, de los terrores diarios
y del vacío pleno en soledad de cárcel.

Jamás de la hecatombe, del juicio indispensable
que habrá de ensombrecer el ceño de las madres;
jamás de los castigos por las cenizas mudas:
el precipicio amargo del despeñado en culpa.

Libérame del hierro que destrozó la risa,
libérame del pan de la falsía indigna,
libérame del miedo al trueno que somete.

Libérame, mi Dios, del propio corazón.

Memoria muerta

(2003)

REGRESO

Caída por un rayo en la cabeza del valiente,
la poesía vuelve en las gotas de la lluvia:
como el fuego, crepitando, como el fuego vuelve,
como el mar, como olas rotas
la poesía entorna sus ojos galopando;
la ceniza quieta rompe los contornos.

Agua que vendrá, ríos que se enturbian.

La poesía grita con ávido rencor.

(A Eduardo Espina)

VISIÓN DEL EVANGELISTA

La pluma esclava escribe de la mano sola
que hiere la demencia del albor desnudo
o perdida acaso en la marea espera
el humo acaecido del fuego ceniciento.

La sencillez del trazo rememorando entonces
en mueca del silencio irónico y seguro
de toda acción secreta en la ambición perdida,
voces que no llaman ni luces en la noche.

Barco naufragando con su cruel gemido,
cielo sin estrellas soñado en una cárcel,
pan que no da miga, ni miel, ni credo en celo.

La pluma esclava escribe su ritmo en una nube,
en aguas pasajeras del río que no cesa:

el odio de los cielos por un infierno en paz.

(A Juvenal Acosta)

El fantasma del soldado francés (1917)

Del humo a la ventana las huellas del difunto
que no descansa nunca al mundo encadenado:
agita las cortinas, bate algunas puertas,
despierta en el teclado la música del vals
del cielo parisino al aire de esta cárcel,
quejoso de sus sueños aún y persiguiendo
esa gota espesa sin culpa del asombro,
esa paz de guerra que acaba en armisticio.

1999

Metales en los ojos y manos que recorren
la piel de los parásitos anclados en la voz.

Siglo que retumba en el vacío solo.
Puerta que se cierra y nadie nunca abrió.
Sangre acompasada por las heridas secas.
Carne que delata el cruel adiós, adiós.

Ojos que no miran, brazos mutilados;
lengua entumecida, miedo que regresa.

Ciega adivinanza en las mañanas muertas
es todo lo que queda sin saber por qué.

(A Juan Carlos Villavicencio)

El poeta escribe dictado por su mal

Desciende el río turbio de las palabras dichas
al mar que nos confunde en su belleza y ritmo:
trae los secretos de las vocales huecas,
trae despedidas en consonantes yertas,
la voz, el gesto, el grito, la desesperación aullada,
la súplica, el desdén, la orden, el lamento,
trae los versículos de la escritura a ciegas,
trae las montañas de letra muerta y seca.

Rompe sus contornos, desborda por su llanto,
inunda hasta las piedras sabias e inmutables,
el río que no acaba, la sangre ya vacía,
el agua limpia lágrimas de engaños y de tiempo.

Baja el río solo, sin cesar, sin ruido:

Cae lentamente el arco de las voces.

Cae lentamente un silencio muerto.

(A León Guillermo Gutiérrez)

Chile

La envidia se desata en este circo pobre:

El domador aúlla y ruge y estornuda,
la equilibrista sueña con tierra firme siempre
y un payaso ordena el mundo entre sus dedos.

La patria se disfraza, cortés, civilizada
en una bendición de dones ya maduros
que enseñan gravemente la luz opaca y fría
del sol sin su destello, sin su calor sereno.

El circo se disfraza, la patria se desnuda,
la envidia nos despierta, nos mueve, nos consume.

La única verdad es la que nos desmiente:

El circo no termina, la mascarada crece,
el bufo, la corista, el fanfarrón, el santo,

todos en la pista cruel y provinciana.

(A Roberto Díaz Muñoz)

Demonio de la nada

(2005)

ESPERANZA

Ha dejado el mazo, las cartas y la aurora;
ha dejado el mar y el mar es un espejo
de sombras que se agitan y cubren el follaje
de un bosque madrugando en una tierra seca
donde es mejor morir o solo abandonarse
en piedras replegado, en piedras, sin palabras.

Ha mirado el cielo, ha desenterrado
los huesos, la memoria, el miedo entre las manos.

(El hielo lo recubre como un barniz de plata
y se abren los cerrojos, aquellos, los perdidos
cerrojos que nos atan al sueño de la suerte).

Ha perdido el habla, el gesto, la sonrisa:

Aún así se cubre de estrellas. Se levanta.

(A Patricio Henríquez)

LA BESTIA

(Iraq)

La bestia nos recorre con su lengua negra
y bebe todo sueño de amor o de hermosura
así, como si nada, construye su fiereza
en el altar del torpe, del débil, del ingenuo.

No puede ir más lejos que la mirada nuestra
y entonces se sofoca, se hunde, se derrama
buscando la caída, el odio, la vergüenza
para volcar su ira en la pureza de otros.

El águila es la bestia. La guerra su locura,
un halcón es otra pequeña bestia muerta,
¿a dónde nos conduce la lucha desatada,
el cruel desierto hueco de voces que se amaron?

Arregla sus pezuñas, trenza sus cabellos,
en el espejo observa su cuerpo amenazante
como una extraña niña que odia a las muñecas
y rompe sus cabezas y come sus entrañas.

La bestia nos desliza por un reseco mar
donde ya no existe la risa o la cordura
de dioses que se fueron amargamente ayer
y no regresarán. Y no regresarán.

FÁTUM

Escaleras blancas con flores y alegría,
calles de sonidos de vida deslumbrante,
belleza en las ventanas, en esos pasos, aire
que cruza con bonanza de días verdaderos.

Todo hermoso entonces, todo luz y estrellas
que no presagian nada que enturbie lo perfecto.

Sólo un rayo inmenso, el dedo del Supremo,
sólo cuatrocientas o mil desgracias juntas
y todo se detiene, se rompe, se disgrega,
se aja, se evapora, se quema, no regresa
y todo se derrumba, desaparece todo
y aún creemos sordos en la esperanza ciega.

(A Luis García Montero)

INQUISICIONES

¿Pasará la voz, la claridad, el mar?
¿Pasará el silencio y el ritmo de los vientos?
¿Pasará, tal vez, tu huella en el espejo?

Piensa como un hombre, murmuran los demonios.
Piensa como un niño, entonan los arcángeles.
Como un perro ladra, me gritan esas sombras.

El agua que pasó en este río turbio
que está pasando ahora, desnuda, ella, sola,
quedará en el agua, rodeada por el agua,
quedará perfecta cayendo entre las manos.

(A Raúl Zurita)

DEMONIO DE LA NADA

El cáliz derramado, la sangre del cordero,
el odio y el silencio alientan estos días
de truenos y de rayos caídos en la frente
en medio de mi centro, del puro amor reseco.

Los huesos ya desechos del padre en su mortaja
cavilan en los ojos, se oyen por la tarde
y vuelve a la garganta el grito amancillado
por mares de fiereza, de olvido, de la ausencia.

Desenterrar los dedos desde la despedida,
reconocer el cielo que aún espera inquieto;
oír lo que se ahoga detrás de las palabras
y ver en la ceguera. Y ver en la ceguera.

Aún así retumba la herida en mi cabeza,
del párpado sin sueño, del sexo anochecido
en extravío entonces el hálito sereno
y nada ya consuela desde el recuerdo ajado.

Se cierran esas puertas de una casa a solas
y el hombre, el padre, el niño anuncian su fracaso.

Cae algún telón en ese teatro absurdo
y la memoria muerde como una bestia atada.

(A Felipe Cortés)

Los cantos de la Sibila

(2009)

El Canto de la Sibila

La lengua en que respiro
y en la que nunca hablo.
La dulce lengua madre,
anémona olvidada,
en donde yo adivino
y sueño a medianoche.

Aquella en la que escribo
(enmascarada siempre),
aquella que no entiendo
trepando sus acentos.

Aquella siempreviva
como una golondrina
o cien gaviotas blancas,
como este prodigioso
decir marino, ahora,
donde es mejor callar
soñando con sus piedras
de un mar y de una isla,
que no adivinarán
la dicha de estas letras
que habitan en el aire
aún quieto o caprichoso
en el lejano exilio.

(A mi madre)

SIBILA SE CONFIESA ANTE SU ESPEJO

Sufro, sufro entera en los jazmines,
en el huerto y el espacio y en el trueno,
en la lluvia, a la intemperie, desolada
sufro porque creo que estoy loca
(con este yo terrible, descreído
en el espejo azul del cielo roto
y en esa luna llena de mis ojos).

Habito en el desierto del desgarro:

Mis señas son ocultas, despiadadas.

Lenguaje

Tanta confusión de las palabras,
tanta Torre de Babel y tanto grito
perdido, en medio de la plaza
o a oscuras en la casa a medianoche.

Tantas cosas que se dicen desdiciendo
repetidas, infinitamente, siempre
o nunca, para entonces, *ad aeternum*,
vacío de la voz y la grafía.

No me sirve este lenguaje mutilado:

Solo el gesto, la tibieza, algún abrazo.

SIBILA CANTA SU DESDICHA

La voz no me ha dejado ni el tormento
de ver en lo invisible, oír presagios
y solo acompañada por demonios
llorar sin respirar, perder el sueño,
contar cada minuto entre las horas.

No resbalan las palabras al vacío,
no caminan las palabras a su entierro.

Es el tiempo, me parece, son los años,
algo que destempla hasta los huesos
y no tiene piedad, ni sol, ni muerte.

Mi voz entona el canto del naufragio.

Un rayo se detiene sin caer.

El cielo se derrumba en mi cabeza.

STELLA

(In Memoriam)

Y verás con otros ojos la superficie plana
del mundo sin sentido, sin gloria, sin pasión.

Y no habrá ni un solo lirio que atrape tu belleza
para enrostrar mi pena de perro a medianoche.

Y ya sin despedidas, en el murmullo insomne,
habrás cruzado el cielo con tu palabra sola.

Visión del padre muerto

De nada aquel amor de sordas lilas,
de nada esa república difunta.

Estás sentado entonces, austeramente solo
y en otras vidas piensas, fotografiado ayer.

El mar es traidor: es otro el mar que rompe.

Mejor abandonarse, abandonarse entero.

SIBILA ENLOQUECIDA

Maldigo la fragancia de las rosas
y el grito del cobarde en su delirio.
Maldigo, es un decir y casi cierto
a dos o tres antiguos que aún me lloran.

El odio es mi placer, mi dulce río
en donde veo el turbio azar del agua.

Nada me complace, ni aquel volcán herido.

Nada me acompaña.

Maldigo mi esperanza.

ORÁCULO DEL ODIO

Muerde calaveras, engulle el pan marchito,
ronca en el desaire del ojo que te observa.

Quema el mar en llamas, al húmero quebrado,
enreda tu quietud. Ahora clama y llora.

Las parcas, las erinias, las madres que reclaman
habrán de abrir tu lecho de piedras en la muerte.

Nada quede entonces en el fulgor, la ira,
águilas y cuervos o hienas por la noche:

Todo se derrumbe encima de tus sueños.

Sibila derrotada

Rendida ante los muros y en los umbrales, yerta,
delante de mis ojos y de mi cara ausente,
anuncio ya mi muerte y la esperanza pobre
de la que muerde el agua y devoró los vientos.

Desnuda de presencias, de fantasmas claros
que agiten madrugadas o dicten los presagios,
retiro mis sentencias, renuncio a mis palabras
dichas al azar, tal vez, o con certeza.

Nada más el mar o el aire de una tarde
que no adivina nada ni quiere perpetuarse
que miro y que me mira en soledad, a solas.

No quiero aquellas vísceras de buey o los espejos,
no quiero los relojes ni hermosas caracolas;
los ojos, estos ojos, están cansados siempre
de ver y de no ver, de tanto horror y dicha.

Una sola cosa, nada más, en estos días:

Recorran el paisaje, las plazas, el mercado
sin querer saber, sin una profecía.

Visión en la desdicha

(Himno y vaticinio)

Un ángel derrotado y un paisaje en calma, en medio del desierto que llama y no nos vuelve. Una luz que grita porque no tiene noche y atrás de todo esto: el llanto de un muchacho.

El óxido del tiempo comienza a recorrernos   y
luego nos fractura en este rito extremo.

Hundir todas las naves parece lo más cierto.
Partir con ese ángel de aquella espada rota.

¿Acaso la esperanza habita en estas horas?
¿Mueve el sol el ritmo callado de las piedras?

Un pájaro madruga y el cazador aguarda; un millón de muros revientan este día... Y nada ya acontece, nada despedaza. El mundo se desliza por el sentido inverso.

Aún así el muchacho se yergue en su sonrisa,
      de águila y de estatua, buscando el paraíso.

Sibila sueña en XXI

(Balbuceo y canto)

El mundo en odio y hambre: una copa rota en mil pedazos. Sed y hambre. Hambre. El odio y esta nada y el vacío, esta nada de palabras en cadena que cae y cae y cae hasta un barranco. Bocas ciegas, ojos mudos, cuerpos que se agitan sin dulzura. Caída y nada más: caída. Silencio que no escribe, llora o canta. Maldición de todo el cielo y estos dioses. Siglo de gusanos y de muertos. ¿Dónde habremos de poner a tantos muertos? La voz del mundo entero ya perdida. El hambre como triunfo: codo a codo, guerra a guerra, en la inmensa soledad de la justicia. Un desierto ganaremos, es seguro, un pozo interminable sin más agua. Ese árbol de muñones, disonancias.

El mundo en odio y hambre:

¿Cómo extrañará aquellos días en que la tibia leche amamantó su boca?

Escrito

(2012)

ESCRITO EN ACADIO

Es sólo la grafía,
el recto, agudo, zurdo y diestro peso
del pincel o de la pluma o de la mano.

Es la mancha original y es el deseo
de una gran palabra que lo diga,
que lo cubra todo, que lo explique
o nunca explique nada, que lo entone
y suaves consonantes y ágiles vocales
habrán de pronunciar su claro acento.

Es la línea horizontal, el solo trazo
que dejó en Babel el escribano.
La alquimia del secreto, del poema
que abre al fin sus puertas al herido,
al niño que comprende en el silencio
el gesto curvo del maestro,
el aire que ya fue y permanece.

(A Tomás Harris)

JEROGLÍFICO IMPOSIBLE

Hay tanto que decir y poco tiempo.

(El escriba derramando en su tablilla
una sola lágrima de sangre).

Hay tantas horas luego y tal silencio
que los frutos ya maduran en el huerto.

(El tiempo atrapa el ritmo de las olas
que son esas palabras nunca escritas).

(A Antoni Clapés y Dolors Udina)

Epístola de Lucio Celio Galba a Claudio, Senador de Roma

"Mi muy querido Claudio:

Las frutas por fin están maduras. Todos los asuntos, poco a poco, se han resuelto: aquella infame rebelión y Viriato, su caudillo; la escasez del agua; el pago de tributos, hasta esa sensación de vino rancio, al vivir lejos de Roma parece, se diluye, en las siestas largas de las tardes calurosas".

(Dicta mi Señor después del Baño,
después de ceremonias repetidas,
dicta, dicta, dicta, como siempre).

"Lucrecia te recuerda con cariño. Los hijos crecen como la hierba en los templos de Sicilia. Aquí, en la monotonía de la provincia castigada, nuestra paz permite la insípida alegría de los últimos días de una juventud que se termina".

(Sus manos gesticulan y la copa
vierte algunas gotas de su agua.
Agua como sangre entre sus dedos,
sangre derramada por sus gritos,
su ejército inclemente, sus órdenes absurdas).

"Pienso en regresar y, es esa, caro amigo, la razón de ser del limo que respira detrás de estas palabras como un ruego. Se acumulan las labores y el tiempo se hace escaso, por eso solicito tu ponderara intervención ante el Senado".

(Los campos ya resecos bajo el águila y la espada.
El Mercado Antiguo sin pan ni mercancías.
Las calles donde el odio recorre cada casa.
Las aves carroñeras destrozando nuestros muertos).

"Así, querido Claudio, me despido. Esta nota solo quiere recordarte este inmenso afecto que nos une. Aquellas noches frescas junto al Tíber en el triclinio amable en casa de Petronio".

(Y el óxido cruel que habita en cada puerta,
y el miedo de las noches y el paso de la guardia,
y el silencio negro que cierra cada boca).

"Después de todo esto, cualquier cosa, por pequeña o grande en el oficio, lo que sea para entonces regresar… Recibe el abrazo de tu hermano, que te extraña agradecido,

Lucio Celio Galba, Prefecto de Numancia".

(A Jaime Siles)

De un cronista náhuatl

(Caída de Tenochtitlán, 13 de agosto de 1521)

Escribo en la piedra,
escribo en la piedra,
escribo en la piedra,
escribo en la piedra,
escribo en la piedra,
escribo en la piedra.

No sale una línea,
no marca el punzón,
escribo en la piedra
y la fuerza se agota,
se mueren las selvas,
se caen planetas,
escribo en la piedra:
el tiempo no escribe.

La muerte cabalga,
el dios nos destruye,
el águila cae
mordiendo sus alas,
escribo en la piedra,
la historia que veo,
por todos los niños
y madres que lloran:
escribo en la piedra,
escribo en la piedra,
ya no hay sacrificios,
ya no hay sacerdotes,

escribo en la piedra,
los dardos se han roto,
escribo en el agua,
escribo en el aire:
los códices huelen
a carne quemada.

Escribo en la piedra
y la sangre es la XOCHITL[1]
y la sangre es la CUÏCATL
y la sangre que cae

(A Teresa Calderón)

---

[1] XOCHITL CUÏCATL: poesía, en lengua náhuatl.

CARTA SUICIDA EN FORMA DE "POEMA" DEL JUDÍO DAVID BETECH LEVY, MUERTO POR HERIDA DE BALA EN LA CABEZA; ENCONTRADO EN EL SITIO DEL SUCESO, BERLÍN, 22, ZIMMERSTRASSE, A LAS 23:45 HORAS DEL DÍA 30 DE JUNIO DE 1934.

(Del informe de la SCHUTZPOLIZEI)

Pensé en una carta o en dejarte escrito
lo último que dije la otra noche ciega.

Pensé en lo terrible: en aquel "Domingo triste"
y en esa aguja repitiendo el ruido sordo del final.

Pensé en un discurso. Pensé en una arenga.

Pensé, lo confieso, nunca hacerlo, nunca.

Pero entonces fue un verso la única manera
de no decirte adiós, de no decir te quiero.
de no compadecerme, de no culparte nunca,
entonces fue ese verso que abrió mi cráneo entero
como esta bala cierta de plomo y no palabras:

Conozco una razón para vivir:
esa es la muerte.

(A José Salomón)

Carta de Juan Manuel Zalapa a su esposa Guadalupe Ramírez de Zalapa

San Isidro Pascual Orozco, 15 de abril de 1928

Estimada princesita:

Me dirijo a usted dictándole al escribano don Pablo. Usted ya lo conoce de la plaza en nuestro pueblo. Esta cartita llevará solo mi firma. Usted sabe que apenas la remarco, la firma, y como sus estudios de aprendiz de monja le enseñaron rezos, letras y deberes, podrá saber entonces por qué es que la sorprendo con unas penas mías.

No sé cómo empezar, pero don Pablo que es un sabio, me dice que comience así no más, sin más.

Se ha muerto la cosecha y hasta las cabras mueren. El rancho no es el mismo desde que usted no está. Parece que un demonio hubiera entrado ahora y no dejara nada para poder vivir. Le juro que he cuidado de todo como siempre y nada me resulta, sabrá mi Dios por qué. Ya vamos en el fin de la primera plana, no puedo más decirle pues sólo tengo un peso.

Le ruego que se vuelva de la ciudad lejana, de aquella capital que llaman federal, que traiga a los chaparros y a mi Inesita hermosa que puede que su risa arregle el mechinal.

Le digo que LA QUIERO, y póngalo MUY GRANDE, por no decir que muero sino se viene usted. Tráigame semillas de algo que florezca, tráigame del Agua Bendita de la Virgen, tráigame plegarias y la montura sana. Queda a su servicio, entrañablemente suyo, su esposo que la quiere, su amado

Juan Manuel

De un enfermo terminal

Yo no escribo,
yo me duelo.
Yo no bailo,
me retuerzo.
Yo no pienso,
sólo duermo.

Yo no escribo
y sin tragedias
yo me muero
poco a poco,
entre risas de enfermeras
y sonrisas familiares.

Yo no siento, me desdoblo,
me desuello, me embrutezco,
balbuceo, balbuceo, yo no hablo,
porque otros grabarán en una lápida,
con palabras que me alienten a no volver jamás,
a ser feliz por fin quién sabe dónde.

(A Patricio Henríquez Huerta)

De un astrónomo de Córdoba, Al Ándalus

(Siglo XI)

Los cuerpos lo presienten en su contorno frágil,
ningún jardín se acerca a su perfecta forma,
ni siquiera el agua seduce en su belleza.

La voz de las estrellas es una voz que rompe
toda arquitectura, toda humana obra.

La voz de las estrellas es la voz de Dios
que es como una fuente, un arco y una flecha
llegando al centro mismo de la verdad secreta.

Escrito en las estrellas, dirá el pobre sabio.
Escrito en su parábola, en su ritmo y en su cénit.
Escrito por el cielo, en el cielo, desde el cielo.

Escrito por Alá.
Descrito por Mahoma,
Su Único Profeta.

El astrolabio roto, las cartas tan confusas,
el silabario torpe del que quiso enumerarlo:
nada ha de lograr el aprendiz de noches,
el testigo ciego de amaneceres rotos.

El hombre y su soberbia, el hombre, mudo y sordo.

Todo estaba escrito. Todo ya esta escrito.
Todo estará escrito, menos su final.

(A Carlos Candiani, Andrei Candiani y a Ricardo Candiani)

De un poeta menor

Ni Verlaine, ni Verlaine, ni Verlaine,
ni la música, ni Mallarmé,
ni nada que decir, ni aquel horóscopo,
ni el odio, ni el rencor,
ni la podrida envidia.

Nada. Nada. Nada.

El último que pueda
Que cave un agujero muy al fondo,
profundo en el mar de su cabeza.

(A Mauricio Barrientos. In Memoriam)

ESCRITO EN UN ESPEJO

("Suite amorosa de poemas marinos" atribuidos a Claude Debussy)

I

La muerte y el reflejo
jamás serán tu azar
porque tú eres el destino
de amor aún viviente.

El hálito oceánico en tus ojos,
la piedra de algún risco que retumba:
hierve en nuestras noches doloridas,
habita en ese mar que nos inunda.

II

El ojo del océano retorna,
el ojo de ese mar nos ha bendito.

Te amo como el mar que nunca acaba
o hiere en esta noche entre los dos.

El óxido, la sal o la ceniza
jamás podrán de muerte presentida
romper el ritmo quieto de este lecho.

III

Hemos visto la bilis y la luna.
Hemos visto la luz de aquella noche.
Entonces, tu y yo, en este infierno,
en este sol, en este paraíso
habremos de besar el mármol roto
de dos que se quisieron siempre solos.

IV

Suena algún teléfono insomne:
juntos esos dos
—nosotros dos—
contestan hacia el cielo y no a la tierra,
responden con sus cuerpos enlazados
por miedo a la noticia de alguna tempestad.

V

Cenizas nada más y tú decías,
cenizas del silencio amortajado.

Nada que decir. Nada a contestar.

El tálamo del mar ha sido nuestro.

VI

Un barco en la marea de algún mar,
un barco que rompió aquella noche,
un barco, nada más,
un barco entonces:
sin anclas, sin cadenas,
sólo por las olas.

VII

Nos vemos en ese amanecer,
nos vemos y besamos madrugados
donde entonces aún nos prometemos
un ritmo y un fulgor, un don perdido.

VIII

Eras el amigo de los faunos,
una de esas estatuas del perfecto
dios que nos rompió con aquel rayo.

Mientras tanto yo rezaba a ese pagano.

IX

Te escribo estas palabras terminales.
Te escribo mi silencio entre cenizas.
Te escribo porque quiero tu silencio:

tu único temor al mar amado.

X

Tu nombre será siempre aquel destello
de luz y de piedad, de roca firme.

Tu nombre que recito y balbuceo
tu nombre quieto que me callo.

Tu nombre solo mío.

Solo mío.

(A ti)

Tránfugo

(2017)

1968

Y envejecimos todos y nada nos dijeron
del terrible crepúsculo y la falta
del seguir sentados en la puerta de la carnicería
del abuelo, de la abuela, de la madre
que no pudo, jamás, volver a ser feliz.

Y nada nos dijeron, nadie advirtió de la catástrofe
y aún sentados esperamos algún amanecer.

Dolor

Y ese universo de muertos,
de fotografías en el desván del niño
donde tú nunca jugaste,
donde tú fuiste el verdugo.

Y ese universo de estatuas
que nada te dirán, porque a ti nada,
a ti si el dolor de soledad sonora,
a ti la música callada de primaveras sordas.

Y en ese universo ajeno
donde no debes tocar ni el aire solo,
a ti, en el expolio, en el vacío entero
una carcajada de vivos y de muertos,
un portazo inmenso de dioses que no existen.

Domicilio

Números de piedra, malditos números de piedra:

Mi casa no tiene calle, no tiene techo, no rezuma a caldo.

Mi casa está asentada en el silencio
de un terreno yermo donde nunca florecen los niños,
donde la esperanza es sólo una palabra.

TRÁNSFUGO I

Tránsfugo en el hablar, en el pensar y en escribir,
como un océano que muere y se resiste
en pequeños charcos de miseria.
Tránsfugo en esta rara existencia; falsificada
mentida, copiada, acéfala.
Tránsfugo en el amor que pareciera existe
aunque solo es otro engaño de aquel
Caballero de los Espejos.

Como el cielo que se asfixia en otro cielo
lleno de esferas blandas que pensamos son estrellas,
en estas palabras que no gritan
ni murmuran, que no lloran ni se ríen.

Tránsfugo en la muerte que quiere imaginar resurrecciones.

Tránsfugo II

Tránsfugo de mi y de ti y de todos
igual que el sueño de Adán en donde el agua
nunca se queda en sus dedos.

Tránsfugo del verbo, del tiempo, del azar.

Tránsfugo e inconcluso, tránsfugo y estéril.

**Dos poemas del encierro
en la clínica Psiquiátrica**

I

Otra vez entre estas rejas
sin ser aún un delincuente,
luchando con mi propio enemigo
bastardo, luchando con el yo,
el mí, ese nosotros.
Indefensos y lobos,
Con ese yo que se mira en el espejo
y no se reconoce nunca ni un solo día.

II

No fumarás.
No beberás.
No fornicarás.
No podrás leer
(porque no puedes por las píldoras).

No serás feliz.
No serás feliz.
No serás feliz.

Nocturno de Santiago

El cielo cae a trozos en todas las ciudades,
el mismo cielo verde o gris, el mismo cielo
que cubre de temores rompiendo cerraduras,
espiando, derribando, muros y ventanas,
abriendo cada puerta sin pudor, sin pausa.

El viento prevalece y quiebra geometrías
extrañamente ajeno a formas y figuras;
traspasa las esquinas, las nubes, cada plaza
sin cesar, insomne, en su sigilo plano.

Nadie está en las calles ni patios, ni en los parques,
nadie compadece al juicio de la noche.

Pero la noche irrita, perturba, ya domina
las grandes avenidas, los cruces, los paseos.

El cielo ha desnudado vergüenzas y placeres.
El viento no consuela, ni cura, no da tregua.

En todas las ciudades parece que la muerte
abrió su pozo negro de cólera y azufre
y poco queda entonces para la noche sola
dueña ya del mar, del monte, de los ríos:

hoja de cuchillo vibrante y afilada
en la memoria inquieta de la ciudad vacía.

Justo a medianoche se escuchan ruidos sordos
como si mil gusanos cruzaran el jardín

o todas esas ratas, heridas por el hambre
salieran de sus huecos helados de silencio.

No son las alimañas, ni búhos, no son cuervos:
parece que es el quieto temblor de parturientas
o el canto de mujeres que van al sacrificio,
o el rechinar de dientes de un niño en la batalla.

Es el habitante, el ciudadano, el hombre
que repta lentamente recuperando alientos
tras reinos y dominios perdidos o ya muertos.

Es el propietario, el amo, el inquilino,
el dueño de las formas, el hábil arquitecto,
el único que sabe cómo ahuyentar la noche,
cómo espantar al viento, al cielo, hasta los ángeles
que caen a millares sobre las sucias calles.

El orden se condensa, se alinea, ya se impone
y nada queda fuera del círculo perfecto.

El viento cesa lento hasta volverse negro.

Ha llegado el plano, el mapa de lo exacto
desentrañando selvas, distribuyendo el aire:

Ha regresado el índice que cruza tempestades
y guarda en su soberbia el miedo de los dioses.

Esta ciudad se alegra en su desgracia cierta,
esta ciudad se viste en medio del desierto,
esta ciudad se cubre los ojos y enmudece
cuando los pájaros emprenden su vuelo a la deriva.

Recrea carnavales, despierta a los difuntos,
describe dos mil saltos sobre las cordilleras.

Esta ciudad agónica de ritmos que no baila
y de frases aprendidas de una lengua muerta.

¿Tendrá un final feliz, habrá de recordar
el tacto de los árboles, el fresco olor a noche?

Parece que se ha muerto esta ciudad alegre.

Parece que no existe esta ciudad ajena.

Parece que recuerda sus años más secretos
y cierra ya sus muros en una mueca insomne.

El campanario anuncia una mañana en ascuas
y una tarde lenta de lluvias de otro tiempo.

Monótonos en días, en horas, en minutos
los segundos muerden su pasado inquieto.
Aquí no pasa nada, ni el tiempo nos consume.

Aquí no existe Dios, ni el cielo lo presiente.

Aquí se hunde el sueño en una despedida
de voces y palabras que nunca dicen nada.

Santiago no recuerda su nombre ni sus pasos.

La atroz provincia duerme en una pesadilla
de torres que se tuercen y calles sin sentido.

La vil memoria escribe en la montaña sola:

Santiago ya no existe, Santiago no ha existido.

Esto que vivimos es otro sueño ajeno.

Y nada de invocar ese dolor de muertos,
de pálidos semblantes en esas fotos viejas.
Nada de rasgar las vestiduras propias
en señal de lutos ajenos que no acaban.

Santiago no ha llorado ni llora por su suerte,
esta ciudad se rinde al arquitecto infame
que habrá de derrumbar hasta sus cimientos.

Esta ciudad se rinde ante la voz de mando
que aún la desentraña, la humilla, la deshonra.

Nada de llorar o de entonar un canto
fúnebre y sereno,
como si todo fuese nada.

En medio de la plaza recuerdo a los que entonces
callaron ante el amo de todas las desgracias.

El cielo cae a trozos, es un decir, y cae:

El mismo cielo verde o gris, el mismo cielo
y la ciudad se esconde, escapa, se desangra
y la ciudad apaga sus luces y enmudece.

La cordillera cae sobre la ciudad dormida.

La cordillera toda entierra su delirio.

Las piedras atraviesan los cuerpos, las ventanas
y cada plaza estalla en un inmenso yermo.

Nadie se da cuenta de muerte tan callada,
nadie se arrepiente, ni llora, no blasfema.

La ciudad se hunde y cae en el vacío
del tiempo y los fantasmas, del odio y el olvido.

(A Víctor Lobos)

Premonición del vacío

(2020)

Al poeta Giovanni Astengo

Ubi Sunt

Un mundo que ya no conozco.

¿Dónde están los maestros de las piedras,
aquellos que domaron los colores?

¿Dónde están, dime, no los príncipes
ni las águilas de imperios ya caídos,
sino el que quiso quebrar a la palabra,
el que hundió sus manos
en la música del agua?

Tal vez en las alturas
o en el infierno mismo.

Yo sé que no conozco al mundo en su derrota.

SEFERIS

Una palabra
sola
abrirá el espacio
del mar
o de los cielos:

Hipnos,
sueño,
hipnos.

Como un rayo que sorprende
y un solemne trueno
rompiendo los infiernos.

Como la voz secreta
del poema oscuro
solo,
mendicante.

Como la superficie fría
de muertos hoy presentes
en la memoria huida,
en el pasado inquieto.

De las palabras
una
y
un poeta
cierto:

Hipnos,
sueño,
hipnos.

Después ya se adivina
el llanto de las olas.

(A Víctor Lobos)

Tiempo

(Océano Pacífico)

Lo que pudo ser no fue
y no busquemos al azar
un par de piedras torpes
que ajen infinitos.

Lo que ya hizo el amor
en buena parte ya está escrito
y lo que hizo la muerte
no necesita explicarse.

Ayer y hoy
y aún
ese mañana
están ahora juntos
como estaban en el tiempo.

No hay oráculos ni voces:
el mar lo cubre todo
y lo que es hoy
y era y es
mañana
serán parte del momento
del ayer muy vivo entonces.

O de este hoy y ese hoy
ahora y nunca,
este hoy, perenne,
muerto.

(A Mladen Machiedo)

Premonición del vacío

El espacio de la muerte
cabe entero en una mano,
en un cráneo solitario
y en el llanto de los niños.

Espera, como siempre,
al arlequín de turno,
al tubérculo marchito,
al odio de los dados.

La ropa de los muertos
es aquel espacio mismo
donde el nacimiento es carne
de una flecha que desgarra.

La sangre del más puro
y la sangre del inmundo
se mezclan en la misma
abyecta sopa helada.

Así el espacio avanza
cada día un poco
y se quiebra la balanza
y se anulan tempestades.

Yo siento el viento frío
en el cuerpo y la cabeza.

BEETHOVEN

Todo se suspende. El cielo se detiene,
los pájaros entonan su música perfecta.

El hombre se detiene. El hombre en el suspenso
de sus oídos sordos, de su mirada inquieta.

No existe crueldad con más inquina
que imaginar un canto de pájaros en Viena.

(A Jaime Siles, nuevamente)

Un hombre santo

Un caballo llora
al sur de los espejos,
cruje el mar, la tarde
solemnemente fría.

El hábito molesta,
la piel estalla en gotas
de un sudor espeso,
fétido e insomne.

Los perros se golpean.
se muerden, agonizan,
los gatos se degüellan
y beben sus orines.

El hábito maldice
al cuerpo y su delito:

Y un niño rompe en llanto

Y un niño rompe en llanto

Variaciones sobre "La pantera" de Rainer María Rilke

I

"Su mirada, cansada de ver pasar
las rejas ya no retienen nada más".

Su mirada, decías, la cansada,
aquella, la mirada
de los derrotados, sí,
de ver pasar el hoy, el ayer,
el entonces, cansados de contar
los días
y lo digo una vez más,
cansados, locos,
preocupados del tal vez,
de las treinta monedas,
pero ciertos en esos ojos fieros
que no nos quieren decir nada
y nos hunde y atraviesa a cada uno
pero así nos aleja medio muertos,
terminales, exhaustos, sin pasión,
desatados en el cruel final.

(A Juan Antonio Huesbe)

II

*"Cree que el mundo está hecho
de miles de rejas y, más allá, la nada".*

Y están lleno de rejas,
el ciego, el mudo y el banquero,
la esposa que aguarda la golpiza,
el niño sin juguetes,
el cielo que nos cae
y el mar que nos encierra.

Lleno de rejas, la cárcel del lenguaje,
lleno de rejas, el hombre sin mujer,
lleno de rejas, el hombre sin su hombre,
la mujer sin la mujer,
lleno de rejas, el enfermo ya sin cura.

La pantera cierta, desvaída, cierta,
la pantera llora acero y despedidas,
la pantera muere un poco más por su mirada.

III

"Con su caminar blando y sus pasos flexibles y fuertes,
gira en redondo en un círculo estrecho"

Como gira la luna quebrada de pena
y los cipreses torcidos la miran soñar.
Como si cada centímetro de su cuerpo negro
fuera una montaña donde la tierra rueda.

No haya compasión con los barrotes,
con las rejas que aprisionan el silencio
y con las rejas invisibles en el cuerpo
y el cadencioso filo en cada corazón.

Que atraviese la cárcel y beba el agua del río,
que coma sin cesar, que salte encima
de todos los planetas y los mundos.

No haya compasión con nuestra vida
estéril,
mientras gire la luna quebrada de pena.

IV

"Al igual que una danza de fuerzas en torno al centro
en el que, alerta, reside una voluntad impotente"

Anoto en mi agenda, en mis papeles rotos
el paso de mis horas, de un tiempo que no existe.

Porque la muerte cava su tumba en soledad,
la tumba con amantes felices e insensatos
que creen en un cielo libre de fantasmas.

Anoto el movimiento, esa mirada clara
y envejezco un poco y el miedo me derrumba.

Porque mi ritmo es siempre una ciega voluntad
y la pantera observa mi carne con pasión.

V

"Algunas veces, se alza el telón de sus párpados, mudo.
Una imagen viaja hacia dentro..."

Un telón de campanas y de vientos.

Un quebranto de mirada de párpados ajenos.

El hombre que la observa
como si fuera un triste Selk'nam.

Una fuerza que quisiera romper el mundo entero.

Un poema torpe, inútil, escarchado.

Unos ojos que sienten
(como César Vallejo)
sus huesos rotos
y el corazón en abandono.

Un telón inmenso
de vientos y campanas.

(A Christián Formoso)

VI

"Recorre la calma en tensión de sus miembros
y, cuando cae en su corazón, se funde y desvanece"

Como el mundo que olvida sus personales rejas
y, sin calma, destroza y asesina su esqueleto,
sus miembros, su corazón, así,

así muere la pantera
y muere el hombre,
muere el gesto delicado,
la fragilidad de la esperanza,
su condición animal y su destino
se funde y desvanece.

Y se pierde, pierde, pierde.

(A Guillermo Eduardo Pilía)

Triste lengua

(2023)

El Carnaval de los Animales

(Pandemia, 2020 - 2021)

Los animales saben,
recorrerán las calles,
los hospitales llenos,
la inmensa catedral
y todas las campanas.

Saben,
y, de a poco,
avanzan
reconociendo, lentos,
el territorio entero.

Husmean por jardines
y relamen ya sus lenguas,
sus pezuñas, sus colmillos
en los bancos y mercados.
En escuelas, en la morgue,
en los rostros con azar,
en los rostros sin azar.

Conocen su perfecto lugar imperturbable.

Nos aguardan, sobriamente, sin duda, nos aguardan.

LORQUIANA

Amor, amor, que está herido
FEDERICO GARCÍA LORCA

Herido en la cabeza del ancho plano de la pena,
herido en esa angustia de tu enhiesto sexo en vilo;
terriblemente herido de sabia voz de muerte
y espejo fantasmal de piedras o de tierra,
de voz y en la quietud, de un mar anclado al fondo,
en la sien de mis ojos y en tus calles solas,
herido, al fin, herido, patricio en esta Roma
confusa y no de Cristo: cautivo de tu cuerpo.

Herido por el párpado que mira tu mañana.

OSCURO PRESAGIO

Un fantasma recorre Europa
KARL MARX

Europa sembrada de cráneos,
de antídotos sin nombre
y cuervos en la calle,
de tibias que descubren
las amplias avenidas
donde enfermas enfermeras
habitan los manteles
y las leprosas lepras
habitan cada casa.

Europa que nos ruega
en bombardeo y llanto,
como herida de una guerra
sola, en medio de los montes.

Europa que me clama,
que nos clama en esta noche,
por su sombra y su fantasma
que no recorre nada.

El sermón de nuestra peste

Bienaventurados frágiles de piel acribillada.
Bienaventurados todos en la ignorancia enjuta.
Bienaventurados torpes que ensucian los crepúsculos
y los amaneceres solos de la belleza sola.
Bienaventurados ciegos de la muerte insomne.
Bienaventurados Marcos, Lucas, Juan, Mateo
al mundo ya sin pausa, sin Cristo, sin ventura.
Bienaventurados, esos, los que ya no tienen hambre
y aquellos que la tienen y callan y se duermen.
Bienaventurados todos los Pedros traidores,
los desnudos y los muertos, los que sueñan y no gritan.
Bienaventurados niños en el filo de su asco,
magullados por su sexo, tiritando en el vacío.
Bienaventurados Jonathan, Bryan y Natacha.
Bienaventurados todos porque el aire aún resopla.

Bienaventurados ellos, nosotros, los que vengan
porque no hay más sangre entre los dedos muertos
ni agua que bautice, no hay mancha, ni agonía.

Bienaventurados todos los que cuenten, lo oigan o lo escriban.

Bienaventurados esos, aquellos, que me olviden.

El resplandor

Hay que repetir de noche
las palabras que presagian
las pisadas nunca quietas
del fantasma que nos llama.

Hay que saber, entonces,
que un ángel sincero y bueno,
que un ángel nos decapita.

Morrison in Paris

This is the end...

El barrio Le Marais fue el último escenario
de una ópera inconclusa y un film casi imposible.

El barrio Le Marais con todas sus mentiras
como en el dulce baño, al fin, de la jornada blanca
o en el sudor que duele.

"Era la poesía", dijiste aún macizo,
insoportable y borracho de la nada y en la nada.

"Era la poesía" y fue París la excusa pobre
de aquel que no se sabe en su trágico estertor.

ZHIVAGO

Como espantar fantasmas
o subir por la soga del ahorcado.

Un mundo de hielo
y un palacio solo
en medio del vacío.

El cajón con papeles en blanco
y la melancolía de la tinta congelada.

Como si los niños gritasen
al unísono, en sordina.

Como si los lobos acecharan,
como acechan, como siempre.

Como si los lobos acecharan.

(A Luis Felipe Sarmento)

Job XXI

Cuando le anunciaron
la destrucción de la ciudad,
él no llamó a los ángeles.

Dios (dicen) los envió
sin saber, exactamente,
por qué.

LISBOA

Una torre blanca y un pañuelo negro.
La calle lluviosa entona un gemido en la tarde.

En la mitad de aquella foto antigua
desaparece, gris, un beso que ya perdió el sentido.

I Never Met You

Este no es un llanto,
aunque sí, quizá, una carta,
o una foto autografiada
que jamás llegó a destino.

Un libro de poemas sin sentido
en el desorden del mar.

Este no es un llanto,
Georgios.

Es la voz de aquel que quiso verte
y sólo recuerda tu voz.

(A Georgios Kyriacos Panayiotou,
In Memoriam)

GRECIA

Una columna rota frente al Egeo pétreo.
Una columna que es la espina de mi lengua
y de todas las otras lenguas.
Un recuerdo vago que sube a los muros de Micenas
o al calor de primavera mirando la caldera de Thira.
Una palabra, Grecia, que recorre mi sangre
y avienta el corazón.
No un país ni un estado, una patria que hiere
y una patria que acuna.

Un espacio en el tiempo, en la palabra, en el sueño.
Una forma de vida, de muerte o eternidad.

(A Ángela Gentile)

Amanecer en Kabul

¿Cómo despierta el alba en un crepúsculo de sangre,
cómo construye su marcha el caracol que regresa?

No es el claro horizonte ni son los dedos de Homero,
no es el futuro secreto de una niña que ríe.

Algo cruza el aire rompiendo la mañana,
abriendo un mar de sombras en pálido desorden.

Así la tierra quieta y el monte en frío pánico
deslizan su cuchillo de incertidumbre vana.

Y llegan los de siempre con calaveras huecas,
llegan resolutos de muerte presentida.

Un hálito susurra ceguera al mediodía
y todo ya ha cambiado y todo permanece.

MECÁNICA DE OLVIDO

(Zagreb, 2021)

Cada mañana,
a las seis en punto siempre,
Anna saca sus flores
en sus pequeñas macetas.

Cada mañana limpia la ventana
en el viejo ministerio
ahuyentando a las palomas
que ensucian su paisaje.

Anna observa la calle,
el parque, la avenida
y divisa un hospital
lejano en la distancia.

El mismo que aparece
ahora en su memoria,
u otro —ya no sabe—
distinto e imborrable.

Aquel de la ciudad
de Vukovar, lejano.

Aquel donde hace tiempo
perdió toda esperanza.

Aun así, cada mañana,
a las seis en punto siempre
Anna saca sus flores
en sus pequeñas macetas.

Un muerto con una maleta

(Ucrania, 2022)

Un muerto con una maleta,
sin destino, sin partida, sin terruño.
Congelado al cruzar la calle,
asesinado sin saber por qué.

Una maleta y un muerto.

Contenido:
tres fotos de familia, algo de ropa,
dos pañuelos de una mujer
y el aire inmenso de la dignidad.

Todo (o nada) es igual que antes:
pero no, "la vida no tiene sentido".

El poema

(2025)

*A mis poetas y maestros Miguel Arteche y Gonzalo Rojas.
A todos los poetas con que he dialogado y sigo dialogando.*

*Yo tengo una palabra en la garganta
y no la suelto, y no me libro de ella
aunque me empuja su empellón de sangre.*

*Si la soltase, quema el pasto vivo,
sangra al cordero, hace caer al pájaro.*

GABRIELA MISTRAL

EL POEMA

Sólo una línea sola del palimpsesto infinito:
una línea del cielo, una línea del mar,
una línea que cruce el ajado cuaderno
del niño soñando una historia imposible.

Recortando palabras, construyendo silencios
afilando las sílabas con el viento del sur
o limando las piedras de consonantes rotundas.

Sólo una idea que hiera como un rayo violento,
como el relámpago fiero y el trueno en desgarro.

Algo que cambie las cosas y que sacie el hambre
de animal extraviado, de paloma sin rumbo,
desoyendo las voces de una multitud que grita
y no dice nada en este presente vacío.

Sólo una línea sola que me cuente al oído
la maravilla secreta de un mundo tranquilo.

El poeta

Con la mirada torva de un emperador de Roma,
sin triunfos ni avenidas y cruel en el desprecio,
su tacto frío, inútil, carente de alegría,
su voz entrecortada, segura y en delirio
de inmensa catacumba y abismo sin desgracia.
Su corazón, que dicen, alado y en desdicha,
su corazón terrible, en el espejo siempre,
firmando algún poema que no tendrá destino,
temblando ante el desierto de una vaga eternidad.

EL SILENCIO

El aire en su espesura y el vuelo de los ojos.

La torpe sensación de una muralla en ciernes.

Aquello que no dice, que no se nombra,
aquello,
enemigo siempre, vacío, sin columnas,
sin cielo, sin desorden, sin pausa:
cruel insomnio.

El sueño en blanco y ciego,
el sueño sordo y mudo,
el sueño que no advierte
y, enjuto, no sorprende.

El oro de los dioses perdido en una noche,
la voz del padre muerto que aún condena, enfermo;
el odio de los pájaros sin canto, sin mañana,
la sola perdición de todos los sentidos.

La cárcel, los barrotes,
una ventana inquieta
abriéndome los párpados
al horizonte, yermo.

El ritmo

Es el mar, el mar que rompe,
pero no está allí, está en la arena
que sacude el tiempo y no descansa.

Un ataúd vacío, un cráneo vacío,
un silencio interminable de columnas.
Eso es, un mar sin habitantes, sin palpitaciones,
un estrépito incesante de nada, nada, nada.

Porque antes del golpe cavila lo sordo,
lo inaudible, lo cercano y lo distante:
un horizonte recto donde ya no cabe nadie.

Antes, la mudez de todas las voces sin duelo.
Antes, el agotamiento de los árboles y el viento.

Retumba, entonces en su proporción exacta
la palabra y el sonido, perfecta consonancia,
la muerte y todo el mundo en pendular belleza.

Los sueños

Todo lo vivido falso
y el otro mundo verdadero.

Cada palabra muda, cada minuto en vano
es esa realidad, es esta realidad.

Cada poema escrito en el umbral de aquella puerta,
cada página vacía de esperanza sin ventura,
cada sílaba estéril, cada vocablo muerto:

Todo se concentra en el abismo
y ya sin luz, desaparece.

EL TIEMPO

Una sola ocasión, algunas letras,
un momento exacto de certeza:
la caída de cien muros
o unas flores turbias.

Ese instante en la palabra:
la gloria sonriente de una pena oculta
o una mentira perfecta
en el juego convenido.

Un segundo en mis ojos,
un siglo en tus ojos.

Un minuto despreciable
y todo se ha volcado
en una copa rota,
en una frase rota.

LA IMAGEN

Aquella que todo lo dice
y sola se aventura en el secreto azar
adivinando, inquieta, algún destino exacto.

La página en blanco

Ahora entiendo tu grito a media tarde,
tus pasos cansados por la casa a solas:
esa página en blanco donde te desvanecías,
ese silencio cojo de una paloma herida.

Ahora entiendo todo
cuando ya no entiendo nada:
las horas perdidas, los pensamientos de muerte.

Ahora entiendo todo
porque el silencio es tan oscuro
y esta agonía yerma.

(A Višnja)

Poesía política

Desamor del poema.
Desamor de la belleza.

Reunión del sinsentido,
reunión de la locura.

Muro y muertos
fusilados:

Poesía del cruel hoy,
no del mañana.

La gloria

¡Reza, Ezra, que tu barca ya se hunde!

Canta, Ezra, tu último poema.

Grítalo si quieres, léelo si quieres:

Ni Dios ni nadie escucha.

Sobre el autor

Andrés Morales (Santiago de Chile, 1962). Es Licenciado en Literatura por la Universidad de Chile y Doctor en Filosofía y Letras con mención en Filología Hispánica por la Universidad Autónoma de Barcelona (España). Ha publicado 30 libros de poesía entre los que destacan: *Por ínsulas extrañas* (1982); *Lázaro siempre llora* (1985); *No el azar/Hors du hasard* (traducción al francés, París, Francia, 1987); *Ejercicio del decir* (1989); *Vicio de belleza* (1992); *Visión del oráculo* (1993); *Escenas del derrumbe de Occidente* (1998, 2014 y 2022, Oviedo, nueva versión revisada); *Réquiem* (2001, Seattle, USA, 2025); *Izabrane Pjesme/Poesía Reunida* (traducido al croata, Zagreb, 2002); *Demonio de la nada* (2005); *Los Cantos de la Sibila* (2008); *Antología breve* (2011), *Escrito* (Santiago, 2013; Madrid, 2014, New York, traducido al inglés, 2023 y Nápoles, traducido al italiano, 2025); *Poemas Escogidos/Poezii Alese* (versión en rumano, Bucarest, 2014); *Écrit dans un miroir (Escrito,* traducido al francés, París, 2015), *Esencial* (Antología Personal 1982-2014); *Tránsfugo* (2017); *Paese di Occhi e Sogni/País de Ojos y Sueños* (traducido al italiano, Roma, 2019); *Premonición del vacío/Prémonition du Vide* (traducido al francés, París, 2021); *Antología personal* (Valencia, España, 2022, y New York, USA, 2025) y *Triste Lengua y otros poemas* (México, 2023), *El poema* (La Palma, España, 2025) y *Bitno/Esencial* (Traducción al croata. Pula, Croacia, 2025), entre otros. En el ámbito del ensayo destacan sus volúmenes *España reunida* (1999); *Altazor de puño y letra* (2000); *De palabra y obra* (2003); *Sonetos del amor oscuro y otros sonetos,* de Federico García Lorca (2018) y *Poéticas en movimiento* (2019). Su obra poética se encuentra parcialmente traducida a quince idiomas y ha sido incluida en más de 60 antologías chilenas y extranjeras y en un gran número de revistas literarias nacionales y del exterior, siendo también distinguida con diferentes reconocimientos nacionales e internacionales entre los que destacan: **Premio *Manantial*** de la Universidad de Chile (1980), **Premio Internacional *Miguel Hernández*** al mejor poeta joven latinoamericano (Buenos Aires, Argentina, 1983), **Fondo Nacional de las Artes de Chile** 1992 y 1996, *Beca de Creación Literaria 2001* de la Fundación Andes, *Beca de Creación Literaria para escritores* del Fondo del Libro del Consejo Nacional de la Cultura y las Artes de Chile en los años 2001, 2004 y 2008. **Premio Nacional de Poesía "Pablo Neruda"** 2001, **Primer Premio en el XII Concurso Internacional de Poesía "La Porte des Poètes"** de París (Francia) 2007, **Premio Hispanoamericano "Andrés Bello" 2014** de Madrid, España y el **Premio de Ensayo "Centro Cultural de España"** 2002 y 2003. Desde el año 2007 pertenece como miembro de la **Academia Chilena de la Lengua**, desde el año 2014 de la **Academia Hispanoamericana de Buenas Letras de Madrid**, España, y, desde 2023 a la **Academia de Buenas Letras de Granada**, España. Desde 2022, reside en Madrid.

ÍNDICE

Extrañas ínsulas
Antología personal
(1982-2025)

Por ínsulas extrañas (1982)

Por ínsulas extrañas · 19
Las visiones de Tiresias · 21
El domingo de viernes · 28

Soliloquio de fuego (1984)

Escena nocturna · 35
Juicio final · 36
Biografía fragmentada de Eugene O'Neill · 37
País de ojos y sueños · 43

Lázaro siempre llora (1985)

I · 57
II · 58
III · 60
IV · 61
V · 62
VI · 63
VII · 64
VIII · 65
IX · 66
X · 67
XI · 68

XII	· 69
XIII	· 70
XIV	· 71
XV	· 72
XVI	· 73
XVII	· 74

No el azar (1987)

Verbo ·	p. 79
Acuario ·	p. 81
Nada se mueve en la tierra ·	p. 82
Todo es juego ·	p. 83
Fin de año ·	p. 84
No el azar ·	p. 85

Ejercicio del decir (1989)

* Con dedos ·	91
* La frontera del diciendo ·	92
* Marcadas esas cartas sonreía ·	93
* El pozo ha de llenarse lentamente ·	94
* Esas luces ·	95
* ¿Qué ha de ser aquel regreso? ·	96
* Este mar ·	97
* Todo es habla ·	98

Verbo (1991)

Thalassa - fragmentos

IV ·	107
VI ·	108
VII ·	109

La edad de los objetos
fragmentos

Dictado celeste · 115
Escrito en el vacío · 116
Museo · 117
Heráclito · 118
La edad de los objetos · 119
1989 · 120
Danza Macabra · 121
Némesis · 122

Vicio de belleza (1992)

Retrato bajo la lluvia · 127
Vallejo · 128
Edgar Lee Masters reflexiona · 129
La rosa de Rilke · 130
Infancia · 131
Arte poética · 132
Los elegidos · 133

Visión del oráculo (1993)

Oráculo · 141
Praha · 143
Los videntes · 144
Poets' Corner · 145
Adriático · 146
El impaciente · 147
El ángel · 149
Naturaleza muerta · 150
Peregrina · 151
Placer · 152
Poema del secreto · 153
Desnudo · 154

Romper los ojos (1995)

Romper los ojos – p. 159
De un poeta náhuatl – p. 160
Retrato del hombre cruel – p. 161
Huida – p. 162
Abandono – p. 163

El arte de la guerra (1995)

I	·	171
II	·	172
III	·	173
IV	·	174
V	·	175
VI	·	176
VII	·	177
VIII	·	178
IX	·	179
X	·	180
XI	·	181
XII	·	182
XIII	·	183
XIV	·	184
XV	·	185
XVI	·	186
XVII	·	187
XVIII	·	188
XIX	·	189
XX	·	190
XXI	·	191
XXII	·	192

Escenas del derrumbe de Occidente (1998)
Fragmentos

* Bajo el cielo de la noche · 199
* Todos recuerdan · 200
* Descubren su deseo · 201
* Arropados, enjutos · 202
* Abarrotado el tren de los insomnes · 203
* Sin odio, indiferencia ni pecado · 204
* En la niebla o en el sol · 205
* Entre el ritmo y el demonio del reloj · 206

Réquiem (2001)

I. Dies Irae · 213
III. Rex Tremendae · 214
V. Confutatis · 215
XVI. Libera me · 217

Memoria muerta (2003)

Regreso · 223
Visión del evangelista · 224
El fantasma del soldado francés (1917) · 225
1999 · 226
El poeta escribe dictado por su mal · 227
Chile · 228

Demonio de la nada (2005)

Esperanza · 233
La bestia · 234
Fátum · 235
Inquisiciones · 236
Demonio de la nada · 237

Los cantos de Sibila (2009)

El canto de la Sibila · 243
Sibila se confiesa ante su espejo · 244
Lenguaje · 245
Sibila canta su desdicha · 246
Stella · 247
La vision del padre muerto · 248
Sibila enloquecida · 249
Oráculo del odio · 250
Sibila derrota · 251
Visión de la desdicha · 252
Sibila sueña siglo XXI · 253

Escrito (2012)

Escrito en acadio · 359
Jeroglífico imposible · 260
Epístola de Lucio Celio Galba a Claudio,
Senador de Roma · 261
De un cronista náhuatl · 263
Carta suicida en forma de "poema"
del judío David Betech Levy · 265
Carta de Juan Manuel Zalapa
a su esposa Guadalupe Ramírez de Zalapa · 267
De un astrónomo de Córdoba, Al Ándalus · 268
De un poeta menor · 269
Escrito en un espejo, I-X · 270

Tránsfugo (2017)

1968 · 283
Dolor · 284
Domicilio · 285
Tránsfugo I · 286

Tránsfugo II · 287
Dos poemas del encierro en la clínica Psiquiátrica · 288
Nocturno de Santiago · 290

Premonición del vacío (2020)

Ubi Sunt · 301
Seferis · 302
Tiempo III · 304
Premonición del vacío · 305
Beethoven · 306
Un hombre santo · 307
Variaciones sobre "La pantera"
de Rainer María Rilke · 308

Triste lengua (2023)

El carnaval de los animales · 319
Lorquiana · 320
Oscuro presagio · 321
El sermón de nuestra peste · 322
El resplandor · 323
Morrison in Paris · 324
Zhivago · 325
Job XXI · 326
Lisboa · 327
I Never Met You · 328
Grecia · 329
Amanecer en kabul · 330
Mecánica de olvido · 331
Un muerto con una maleta · 332

El poema (2025)

El poema	·	339
El poeta	·	340
El silencio	·	341
El ritmo	·	342
Los sueños	·	343
El tiempo	·	344
La imagen	·	345
La página en blanco	·	346
Poesía política	·	347
La gloria	·	348

Acerca del autor · 351

COLECCIÓN PIEDRA DE LA LOCURA
Personal Anthologies
(Homage to Alejandra Pizarnik)

1
Colección Particular
Juan Carlos Olivas (Costa Rica)

2
Kafka en la aldea de la hipnosis
Javier Alvarado (Panamá)

3
Memoria incendiada
Homero Carvalho Oliva (Bolivia)

4
Ritual de la memoria
Waldo Leyva (Cuba)

5
Poemas del reencuentro
Julieta Dobles (Costa Rica)

6
El fuego azul de los inviernos
Xavier Oquendo Troncoso (Ecuador)

7
Hipótesis del sueño
Miguel Falquez Certain (Colombia)

8
Una brisa, una vez
Ricardo Yáñez (México)

9
Sumario de los ciegos
Francisco Trejo (México)

10
A cada bosque sus hojas al viento
Hugo Mujica (Argentina)

11
Espuma rota
María Palitachi a.k.a. Farazdel (Dominican Rep.)

12
Poemas selectos / Selected Poems
Óscar Hahn (Chile)

13
Los caballos del miedo / The Horses of Fear
Enrique Solinas (Argentina)

14
Del susurro al rugido
Manuel Adrián López (Cuba)

15
Los muslos sobre la grama
Miguel Ángel Zapata (Perú)

16
El árbol es un pueblo con alas
Omar Ortiz (Colombia)

17
Demasiado cristal para esta piedra
Rafael Soler (España)

18
Sobre la tierra
Carmen Nozal (España/México)

19
Trofeos de caza
Alfredo Pérez Alencart (Perú/España)

20
Fax Teatro Te Quiero
Telmo Herrera (Ecuador)

21
Ceguera, allí estarás
Jeannette L. Clariond (México)

22
El sitio donde muere mi lágrima
Luissiana Naranjo (Costa Rica)

23
En la línea del tiempo
Héctor Berenguer (Argentina)

24
El instante y la eternidad
Leticia Luna (México)

25
Bitácoras del expatriamiento
Iván Cruz Osorio (México)

26
Cuerpo y color de la flecha
María Ángeles Pérez López (España)

27
Casi la vida
Luz Mary Giraldo (Colombia)

28
El salto de Penélope y algunos sobresaltos
Penelope's Leap and Some Startling Moves
María Elena Blanco (Cuba)

29
Extrañas ínsulas
Andrés Morales (Chile)

Collections

Poetry

ADJOINING WALL
PARED CONTIGUA
Spaniard Poetry
Homage to María Victoria Atencia (Spain)

BARRACKS
CUARTEL
Poetry Awards
Homage to Clemencia Tariffa (Colombia)

BORDERLAND / *FRONTERA*
Hybrid Poetry
(Spanish - English)
Homage to Gloria Anzaldúa
(U.S.A Chicana Author)

CROSSING WATERS
CRUZANDO EL AGUA
Poetry in Translation (English to Spanish)
Homage to Sylvia Plath (United States)

DREAM EVE
VÍSPERA DEL SUEÑO
Hispanic American Poetry in USA
Homage to Aida Cartagena Portalatín (Dominican Republic)

FEVERISH MEMORY
MEMORIA DE LA FIEBRE
Feminist Poetry
Homage to Carilda Oliver Labra (Cuba)

FIRE'S JOURNEY
TRÁNSITO DE FUEGO
Central American and Mexican Poetry
Homage to Eunice Odio (Costa Rica)

INTO MY GARDEN
English Poetry
Homage to Emily Dickinson (United States)

I SURVIVE
SOBREVIVO
Social Poetry
Homage to Claribel Alegría (Nicaragua)

LIPS ON FIRE
LABIOS EN LLAMAS
Opera Prima
Homage to Lydia Dávila (Ecuador)

LIVE FIRE
VIVO FUEGO
Essential Ibero American Poetry
Homage to Concha Urquiza (Mexico)

REVERSE KINGDOM
REINO DEL REVÉS
Children's Poetry
Homage to María Elena Walsh (Argentina)

STONE OF MADNESS
PIEDRA DE LA LOCURA
Personal Anthologies
Homage to Alejandra Pizarnik (Argentina)

TWENTY FURROWS
VEINTE SURCOS
Collective Works
Homage to Julia de Burgos (Puerto Rico)

VOICES PROJECT
PROYECTO VOCES
María Farazdel (Palitachi) (Dominican Republic)

WILD PAPERS
PAPELES SALVAJES
Latin American Poetry
Homage to Marosa Di Giorgio (Uruguay)

WILD MUSEUM
MUSEO SALVAJE
Latin American Poetry
Homage to Olga Orozco (Argentina)

INTERNATIONAL POETRY AWARD
PREMIO INTERNACIONAL DE POESÍA NYPP
Award Winning Authors
Homage to Feature Master Poets

Children's Literature

Knitting the Round
Tejer la ronda
Homage to Victoria Ocampo (Chile)

Fiction

Incendiary
Incendiario
Homage to Beatriz Guido (Argentina)

Drama

Moving
Mudanza
Homage to Elena Garro (México)

Essay

South
Sur
Homage to Victoria Ocampo (Argentina)

Non Fiction

Break-Up
Desarticulaciones
Homage to Silvia Molloy (Argentina)

For those who, like Alejandra Pizarnik, evoke their madness and even wish to extract it as if it were a stone, their only privilege, this book was published in October 2025 in New York City by Nueva York Poetry as part of the *Piedra de la Locura* Collection, as a tribute to her, in the United States of America

www.ingramcontent.com/pod-product-compliance
Lightning Source LLC
Chambersburg PA
CBHW021848230426
43671CB00006B/303